REBECCA GREENWOOD

AUTORIDAD
PARA PISAR AL
ENEMIGO

D1523206

PENIEL

BUENOS AIRES - MIAMI - SAN JOSÉ - SANTIAGO

www.peniel.com

©2009 Editorial Peniel

Ninguna parte de esta publicación puede
ser reproducida en ninguna forma sin el
permiso escrito de Editorial Peniel.

Las citas bíblicas fueron tomadas de la
Santa Biblia, Nueva Versión Internacional,
a menos que se indique lo contrario.
© Sociedad Bíblica Internacional.

Editorial Peniel
Boedo 25
Buenos Aires, C1206AAA
Argentina
Tel. 54-11 4981-6178 / 6034
e-mail: info@peniel.com
www.peniel.com

Diseño de cubierta e interior:
Arte Peniel • arte@peniel.com

Greenwood, Rebecca
Autoridad para pisar al enemigo. - 1a ed. - Buenos Aires: Peniel, 2009.
   295 p. ; 14x21 cm.
   Traducido por: Mara Campbell
   ISBN 10: 987-557-221-7
   ISBN 13: 978-987-557-221-8
   1. Vida Cristiana. I. Campbell, Mara, trad. II. Título
   CDD 248

A mi maravilloso esposo, mi mejor amigo y mi socio en el ministerio, Greg.
Gracias por creer en mí y por alentarme en el llamamiento del Señor para mi vida.
Te amo.

Índice

La guerra espiritual es una batalla invisible en el reino espiritual
que involucra un enfrentamiento de poder entre el Reino de Dios
y el reino de la oscuridad. Se repasan los tres niveles de guerra.

Dios creó la Tierra con propósitos específicos en mente. La Biblia
nos dice que esto es verdad, pero, aparentemente, es Satanás
quien tiene dominio en la Tierra. Si Dios está tan preocupado
por la Tierra, ¿por qué hay tantas personas y tantos territorios
atrapados en la oscuridad?

"¿Soy llamado a la guerra espiritual de nivel estratégico?".
"¿Cómo conozco el territorio que se me asignó?".

Así como una persona no entraría en una guerra espiritual sin
ayuda, la guerra de nivel estratégico también requiere de un
ejército. Aquellos que son llamados a la batalla espiritual deben
estar entrenados, entregados y preparados.

Conocer los hechos equipa a los intercesores para dar en el blanco
cuando usan la oración para la guerra.

La guerra espiritual exitosa depende de la herramienta
indispensable del mapeo espiritual –recabar toda la información
y preparar un plan de batalla.

Prólogo

El día que Juan bautizó a Jesús en el río Jordán fue el día de una invasión tan grande que, en comparación, pudo haber hecho que el Día "D" de la Segunda Guerra Mundial pareciera como un mero juego de video. A partir de ese día, Jesús y sus discípulos comenzaron a predicar el evangelio del Reino de Dios.

Un "reino", por definición, tiene un gobierno liderado por un rey. Jesús era el Rey invasor. El reino que Él invadió también tenía un gobierno, y su rey era Satanás. Por miles de años, después de la época de Adán y Eva, la población humana de todo el mundo, con algunas excepciones como el pueblo de Dios en Israel, estuvo bajo el control maligno del príncipe de la potestad del aire. Hablando prácticamente, Satanás podía hacer cualquier cosa que quisiera a los pueblos de la Tierra. Y lo que hizo no fue bueno.

Las cosas cambiaron radicalmente cuando Dios envió a su Hijo. Desde la época de Jesús hasta la actualidad, la guerra ha sido enardecida y se está enardeciendo cada vez más. El Reino de Dios ha venido avanzando como siempre ha avanzado –es decir, contra viento y marea (vea Mateo 11:12)–. La furia de Satanás continúa ampliándose porque sabe que tiene menos tiempo del que jamás ha tenido.

Jesús comenzó la guerra y Él la concluirá cuando regrese. Pero, mientras tanto, no está con nosotros personalmente. Está a la diestra del Padre intercediendo por nosotros, los que conformamos su Iglesia. Él designó a su Iglesia para continuar la guerra por medio de la difusión del evangelio del Reino a todos los pueblos de la Tierra. Por sí sola, la Iglesia no habría tenido el poder de enfrentar las fuerzas de Satanás. Así que, cuando Jesús regresó con el Padre, envió al Espíritu Santo quien, desde ese momento, ha suministrado poder divino a todos aquellos que quieren recibirlo. La presencia de Jesús con nosotros –Él dijo: "Estaré con ustedes siempre"– ahora llega a través de la tercera Persona de la Trinidad.

Jesús no dejó la Tierra sin antes delegar su autoridad a aquellos de nosotros que lo seguimos como Señor. Les dijo a sus discípulos que recibirían poder cuando el Espíritu Santo viniera sobre ellos. Les ordenó hacer discípulos de todas las naciones. Los autorizó a usar su nombre y a moverse contra el enemigo con su autoridad real.

¿Qué significa esto? Significa que la guerra para seguir repeliendo a Satanás y a sus fuerzas malignas por el evangelio del Reino de Dios está ahora en manos de la Iglesia, del pueblo de Dios. En otras palabras, ¡nosotros, la Iglesia, estamos en guerra!

¿Qué hacemos, entonces? ¿Cómo peleamos esta guerra? ¿Cuáles son nuestras órdenes? Si tenemos autoridad, ¿cuánta autoridad tenemos? ¿Cómo podemos discernir el plan de batalla del enemigo? ¿Cuáles son los riesgos? ¿Todos van a la guerra o algunos se quedan atrás? ¿Quiénes son los generales en el ejército de Dios? ¿Cómo sabemos si estamos ganando o perdiendo? ¿Cómo nos suministra Dios las armas nuevas para la guerra? ¿Cómo se entrena la Iglesia para la batalla?

En este libro, Rebecca Greenwood –sus amigos la conocen como "Becca"– aborda estas preguntas y muchas más sin rodeos. Becca está sumamente calificada para hacerlo porque trae a la mesa las cualidades inusuales del intercesor que posee tanto cerebro derecho como izquierdo. Ella escucha a Dios, fluye en el espíritu, es conocida por explotar con furia ante el enemigo, pero, al mismo tiempo, está analizando silenciosamente lo que sucede en todo momento y planificando la estrategia para el próximo paso. Muchos intercesores hacen su trabajo en el armario de la oración y, con la puerta cerrada, tienen un ministerio poderoso. Becca pasa mucho tiempo en el armario también, pero además batalla en las primeras líneas. Como "águila de Dios" experimentada, se ha encontrado en campos de batalla espirituales en lugares tan diversos como el

Monte Everest en Nepal; en San Petersburgo, Rusia; en Santiago de Compostela, España, y en muchos otros lugares.

Lo menciono para afirmar que la autora de *Autoridad para pisar al enemigo* no es una novata y tiene las cicatrices que lo prueban. Está convencida de que la guerra no ha terminado. La década de 1990 vio una explosión de literatura diseñada para equipar al Cuerpo de Cristo para la guerra ininterrumpida, y este libro levanta la antorcha para la década de 2000. Sabemos más ahora de lo que sabíamos entonces, y Becca se mantiene al corriente. Dios continúa dándole nuevas revelaciones. El enemigo tiene la espalda contra la pared. No hay tiempo para ceder ante el movimiento antiguerra cristiano. Becca nos impulsa poderosamente hacia adelante de fortaleza en fortaleza y construye sobre las ventajas que logramos en los últimos diez o quince años.

Autoridad para pisar al enemigo está repleto de análisis, de perspectivas y de información. Agregado a eso, están la inspiración y la comprensión emocionantes de las experiencias personales de Rebecca Greenwood en su lucha contra las potestades y los poderes y las huestes espirituales de maldad de las regiones celestiales.

Quizá usted haya leído y digerido algunos de los libros anteriores sobre guerra espiritual de nivel estratégico. Si lo hizo, ahora puede deleitarse con este suntuoso banquete y energizarse con el alimento espiritual vital que necesita para avanzar hacia la siguiente temporada que Dios quiere para su vida.

C. Peter Wagner
Colorado Springs, Colorado

Agradecimientos

Este libro no habría sido posible sin la ayuda, el amor, la reafirmación y el tutelaje de muchas personas que han bendecido enormemente mi vida. Primero, quiero agradecer a mi maravilloso esposo, Greg, quien me ha alentado, amado y atendido incansablemente durante el tiempo que me tomó la escritura de este libro. Gracias por los fines de semana cuando cuidaste a las niñas, lavaste la ropa, limpiaste la casa y, lo más importante, me presionaste y alentaste a completar este libro. Gracias por creer en mí y por liberarme en las naciones para orar. Tú me completas. ¡Eres el mejor! Te amo.

Luego quiero agradecer a mis tres hermosas hijas, Kendall, Rebecca y Katie, por soportar a una madre que ha pasado muchas horas escribiendo en la computadora durante el último año y medio. ¡Son preciosas!

A mis padres, Ronnie y Mary Long, ¡son grandiosos! Gracias por amarme, por apoyarme y por creer en mí. Gracias por todos los sacrificios que hicieron durante mi vida para ayudarme a alcanzar mis sueños. Siempre dieron el cien por ciento como padres y me enseñaron cómo ser exitosa en todas las áreas de mi vida. Siempre me he sentido amada y atesorada por ambos. Me han bendecido a mí y a mis hijas con una herencia virtuosa. No hay palabras para expresar mi amor para ambos.

A mis maravillosos suegros, Jack y Pam Greenwood, quiero decirles gracias. Me aceptaron y me amaron como a una propia hija. Gracias por el amor, el aliento y el consejo espiritual que siempre me dieron. Los amo a ambos.

No podría escribir este libro sin expresar mi amor y gratitud sinceros a Eddie y Alice Smith. Ambos nos acogieron a Greg y a mí bajo su ala y se derramaron en nuestras vidas. Gracias por ser mis mentores, por su amor, por su sabiduría, por su apoyo y por su amistad. Siempre atesoré nuestra relación. Gracias por pasar a la siguiente generación la preciada unción que el Señor depositó en cada uno de ustedes. Los amo.

A Lora Allison, ¿qué decir? Gracias por ser mi amiga. Me diste la fuerza y la esperanza para seguir adelante cuando creí que no podría. Tu amor y apoyo me permitieron avanzar y fluir en los dones que el Señor me ha dado. Eres una voz preciada, amorosa y poética para el Cuerpo de Cristo. Gracias por amarme y por creer en mí.

Peg Howerton, quiero decirte gracias desde lo profundo de mi corazón por tantas horas de ayuda para pulir muchas porciones de este libro. Eres una servidora preciada del Señor y ruego por maravillosas bendiciones para ti y para John. No podría haber hecho esto sin ti. ¡Que el Señor te bendiga abundantemente!

A Peter y Doris Wagner, gracias por su aliento y por la increíble oportunidad de trabajar para los ministerios Global Harvest. Gracias por el ejemplo que dan al Cuerpo de Cristo y por una vida de compromiso completo al Señor y al llamamiento que Él les dio. Gracias por liberarme en las naciones para orar. Ustedes realmente son la voz apostólica de esta era.

Quiero expresar mi gratitud a Jane Campbell por creer en este manuscrito y por su grácil aliento y sabiduría en todo este proyecto. A Ann Weinheimer, gracias por la maravillosa ayuda y por los comentarios valiosos en la edición de este libro.

Finalmente, quiero agradecerte a ti, Señor, por extenderte y tocar a esta muchacha sureña de Rockwall, Texas. Gracias por salvarme y por permitirme el maravilloso privilegio de ser tu socia en la intercesión. ¡Para ti, todo el honor, la gloria y la alabanza! Te amo, Señor.

Introducción

E l año 1991 fue el comienzo de una etapa nueva y emocionante en mi andar con el Señor. Una gran oportunidad laboral para mi esposo, Greg, fue la razón inicial para que nos mudáramos a Houston, Texas, ese año. Enseguida nos dimos cuenta de que el Señor había preparado esta mudanza para guiarnos al llamado de la intercesión, de la profecía y de la oración de guerra espiritual.

Antes de mudarnos a Houston, mi foco primario era un fuerte anhelo y una pasión por conocer al Señor íntimamente. Comencé a pasar largos periodos alabando y orando. A medida que me acercaba más al Señor, más comenzaba Él a llenar mi corazón de pedidos de oración por miembros de mi familia, por vecinos y por los perdidos. Como resultado, se despertó en mi espíritu el deseo de que el Padre usara mi vida para alcanzar a los perdidos y a los atrapados en la oscuridad.

¡Dios es fiel para responder a las oraciones! Después de mudarnos a Houston, nos involucramos con una iglesia que se movía en un nivel alto de oración intercesora. Pronto aprendí sobre el don de la intercesión, del que nunca había oído, y en seguida me di cuenta de que yo ya estaba operándolo. Cuanto más aprendía sobre las facetas de la intercesión, más deseo tenía de ver vidas cambiadas.

Jamás olvidaré el sermón que cambió radicalmente mi vida de oración. Nuestro pastor habló sobre la oración y nos desafió a todos los presentes a examinar nuestros corazones y pensamientos sobre Satanás. Nos preguntó si sabíamos lo que Dios sentía acerca de Satanás y citó varios versículos: *"Muy pronto el Dios de paz aplastará a Satanás bajo los pies de ustedes"* (Romanos 16:20); *"Dios aplastará la cabeza de sus enemigos...* " (Salmo 68:21); "¡... *él aplas- tará a los opresores!* " (Salmo 72:4).

A medida que leía los versículos, me resultó obvio que Dios desea destruir por completo a Satanás. Nuestro pastor entonces explicó que, si Dios odia a Satanás, nosotros también debemos aborrecerlo y desear que su trabajo sea destruido. Nunca antes había sido desafiada de esta manera.

Nací en el sur y crecí allí, y pronto aprendí que el respeto era lo más importante en mi hogar. La palabra *odio* no estaba permitida en mi vocabulario diario. Esto fue muy beneficioso porque me inculcó la habilidad de perdonar fácilmente. Después de ser desafiada a examinar mis pensamientos acerca de Satanás, rápidamente me di cuenta de que mis modales sureños influenciaron mis emociones y pensamientos acerca del enemigo. No podía decir realmente que odiaba a Satanás y que deseaba ver que sus maquinaciones en la Tierra fueran destruidas. Sabía que no me agradaba el enemigo, pero tampoco lo aborrecía. Esto debía cambiar. Oré y le pedí a Dios que me diera odio para Satanás y todas sus maquinaciones. Desde ese instante, mi vida de oración comenzó a transformarse radicalmente. Me entregué al tutelaje del líder de oración de nuestra iglesia y comencé a entrenarme en liberación y oración de guerra espiritual estratégica de alto nivel.

¡Los últimos doce años han sido extraordinarios! Me uní a equipos de oración en el estado de Texas y lideré iniciativas de oración en Houston. He viajado a trece naciones en "viajes de oración". En algunos viajes, fui participante del equipo y en otro fui líder del equipo. Es un privilegio ser socia del Señor en las intercesiones y en la guerra por las naciones del mundo. Es maravilloso ver cómo el Señor abre brechas en los individuos, en las situaciones, en las ciudades y en las naciones.

Dios llama a la Novia guerrera a que saquee las estructuras de la oscuridad. Creo que es hora de que las intercesiones salgan de un lugar de intimidad con el Señor hacia la oración enfocada que destruirá el trabajo del enemigo. Este libro está escrito para aquellas personas que desean unirse al ejército de intercesores de la guerra espiritual de nivel estratégico que el Señor está preparando en este momento. Junto con lineamientos específicos, incluí historias inspiradoras que ilustran la efectividad de esta guerra. Ruego por que las herramientas de este libro ayuden a equipar a los intercesores para la apertura de brechas radicales y para las transformaciones como resultado de la oración.

1

☙

Qué es la guerra espiritual

Muchos de ustedes están familiarizados con el término *guerra espiritual*. Otros están en el proceso de aprender acerca de este nivel de intercesión. Para que estemos todos en el mismo plano de conocimiento, quiero comenzar con una definición.

La guerra espiritual es una batalla invisible en el reino espiritual que involucra una confrontación de poderes entre el Reino de Dios y el reino de la oscuridad. Mi experiencia está de acuerdo con las enseñanzas de Peter Wagner en su libro *What the Bible Says About Spiritual Warfare* (Lo que La Biblia dice acerca de la guerra espiritual): que la guerra espiritual sucede en tres niveles.[1] Esta guerra se lleva a cabo en el nivel básico, en el nivel de lo oculto y en el nivel estratégico.

Antes de avanzar quiero remarcar la importancia y la necesidad de comprender los principios de la oración de guerra antes de incurrir en este nivel de intercesión. Es vital identificar el riesgo de orar sin conocimiento completo. En los capítulos siguientes, hablaré con mucho detalle de la ética necesaria para avanzar hacia una misión de guerra.

Guerra espiritual de nivel básico

Esta es la práctica del ministerio de liberación, que involucra quebrar la influencia demoníaca en un individuo. Sucede a nivel personal. Como alguien que funciona como ministro de liberación, he visto increíbles brechas abiertas en las vidas de muchas personas a lo largo de este ministerio. También descubrí que este nivel de guerra incluye oración de guerra espiritual por personas y por situaciones.

He sido testigo de brechas obvias que se abrieron en individuos como resultado de la oración de guerra por situaciones de su vida. El siguiente es un ejemplo de una intercesión de nivel básico.

Siendo una joven madre de tres niñas, recuerdo estar atada a la casa con una rutina diaria de alimentación, cambio de pañales, cocinar, besar pequeñas heridas, limpiar y leer historias para ir a dormir. Esos años fueron preciados y no cambiaría un solo minuto que tuve con mis tres hermosas hijas. Pero así y todo tenía el ardiente deseo de conocer al Señor íntimamente y de ver transformaciones en las vidas de los dañados y de los perdidos.

Durante esa época de mi vida, usaba la hora de la siesta de las niñas como mi momento para orar e interceder. El Señor comenzó a poner en mi corazón la carga de interceder por las madres perdidas de nuestro vecindario. Una cosa que aprendí como intercesora es que el pulso del Padre son las almas perdidas. Había una madre por quien comencé a orar a diario. ¡Dios es tan increíble! A medida que comenzaba a orar, ella comenzaba a preguntar por Dios y a buscar mi consejo sobre asuntos de su familia. Me pedía con regularidad que orara cuando se presentaban situaciones difíciles en su hogar. Dios estaba, obviamente, acercándola a Él.

Un día sonó el timbre. Abrí la puerta y allí estaba ella. Me preguntó si podíamos hablar. Al instante la hice pasar a nuestra casa. Me dijo que ella y su esposo se habían separado y que él estaba pidiendo el divorcio. Le dije que comenzaría a orar para que el Señor restaurara su matrimonio. Su respuesta fue: "No creo que la oración y que Dios puedan solucionar estas heridas y estos dolores". Yo le respondí: "Ninguna herida ni ningún dolor es demasiado grande para Dios". Luego oré con ella y le pedí al Señor que restaurara ese matrimonio, que sanara todas las heridas y los dolores, y que acompañara a esta familia en ese momento difícil.

Durante los meses siguientes, oré por ella y por su esposo. No solo le pedí al Señor que restaurara su matrimonio, sino que batallé por su matrimonio y comencé a romper cada maquinación y maldición que había sobre esta pareja. Oré pidiendo que no hubiera división, sino hubiera perdón y acabaran los engaños del enemigo. En el nombre de Jesús, rompí la mentira que estaba demasiado afianzada como para que Dios la sanara.

Al poco tiempo, nuestras vidas se separaron. Tomé un empleo de medio tiempo, y ella uno de tiempo completo. Aun así, yo continuaba orando. Una tarde nos vimos mientras conducíamos por el vecindario. Me pidió que me detuviera y que bajara la ventana del auto. Exclamó: "¡Continúa orando! ¡Está funcionado!". Yo asentí felizmente y continué orando. Dos meses después, las niñas y yo estábamos nadando en la piscina del vecindario. Ella y sus hijos llegaron a la piscina, y ella se acercó a mí entusiasmada: "Tus oraciones funcionaron", exclamó. "¡Mi esposo regresó a casa la semana pasada y destruyó los papeles de divorcio! Dios es bueno. Gracias por orar". Yo estaba emocionada. Dios no solo restauró el matrimonio, sino que esta mujer comenzó a asistir a la iglesia y a buscar al Señor.

Nos mudamos a Colorado algunos meses después de que esto ocurriera, pero creo firmemente que ella y su familia están en el camino adecuado, y que Dios será fiel y le traerá a cada uno de ellos el conocimiento de la salvación de Jesucristo.

Guerra espiritual de nivel de lo oculto

La guerra espiritual de nivel de lo oculto involucra la oposición a un nivel de autoridad demoníaco más estructurado. La oración de guerra en este nivel se centra en la brujería, en el satanismo, en la francmasonería, en las creencias *New Age*, en las religiones orientales y en muchas otras formas de prácticas espirituales que glorifican a Satanás y a sus ángeles oscuros. Obviamente, involucra una dimensión de oración de guerra más elevada. Quisiera compartir un ejemplo poderoso de apertura de brecha espiritual que sucedió en la ciudad de Houston.

Marilyn Manson, una estrella popular de rock pesado, viaja por el mundo con su grupo cantándole a Satanás y glorificándolo. Todos los miembros de su banda tienen la obligación de cambiarse el nombre. El nombre de pila debe ser el de una actriz famosa, y el apellido debe ser el de un asesino serial conocido. El nombre *Marilyn Manson,* por ejemplo, fue inspirado en la actriz Marilyn Monroe y en el asesino/líder de un culto, Charles Manson. El Sr. Manson también es un ministro ordenado de la Iglesia de Satanás. El fallecido Anton Lavey, fundador y sacerdote principal de la Iglesia de Satanás, fue el ministro que ofició esa ordenación.

Esta banda decidió venir a Houston, y la respuesta de la Iglesia en la ciudad fue notable. Muchas iglesias organizaron vigilias de oración durante las veinticuatro horas previas al concierto. Pagaron por espacio publicitario en las estaciones de radio cristianas para pedirle a la gente que orara. Los grupos de oración en toda la ciudad se reunieron, y los efectos potencialmente desastrosos de la música se convirtieron en el ruego intercesor. Se sabía, por ejemplo, que varios jóvenes que habían asistido a conciertos de esta banda habían regresado a sus casas y se habían suicidado. Fue increíble cómo una carga social por la juventud de la ciudad se convirtió en el foco.

Busqué al Señor y le pedí mi misión intercesora y mis órdenes para esta situación. Me dijo que formara un equipo y que orara en el teatro que recibiría a la banda. El día del concierto, fuimos a orar temprano a la mañana. Mientras orábamos, el Señor comenzó a impartirnos la carga de que oráramos por la salvación de Marilyn Manson, por todos los miembros de su banda y por los jóvenes que asistirían al concierto.

Luego el Señor nos cambió a oración de guerra. Comenzamos a orar por que el equipo de sonido no funcionara, y por que el concierto no tuviera éxito o no pudiera completarse. Proclamamos que esta música dedicada a Satanás no sería cantada para la juventud de la ciudad. Proclamamos confusión en el campo del enemigo y rompimos cada mentira de que se debe alabar a Satanás.

Necesito agregar que, cuando estamos inmersos en la oración de guerra, jamás oramos en contra de la persona, sino que le pedimos al Señor que toque los corazones de aquellos que están perdidos en la oscuridad y que los acerque a la salvación. *"Porque nuestra lucha no es contra seres humanos, sino contra poderes, contra autoridades, contra potestades que dominan este mundo de tinieblas, contra fuerzas espirituales malignas en las regiones celestiales"* (Efesios 6:12). Fue un momento de oración increíble.

La noche del concierto fue algo digno de ver. Muchos cristianos entregaban textos bíblicos a los jóvenes. Al otro lado de la calle, se llevó a cabo un concierto cristiano al aire libre. El Señor les asignó a varios pastores e intercesores que oraran dentro del teatro.

El concierto comenzó, y durante la segunda canción, ocurrió algo que aún es difícil de creer. Uno de los fanáticos derramó, accidentalmente, su cerveza sobre el control de sonido. Todo el sistema de sonido se arruinó. Como los micrófonos ya no funcionaban, los instrumentos no se oían, y tampoco se escuchaba al Sr. Manson. Le resultó imposible continuar. Se molestó tanto que lanzó su micrófono al suelo, se marchó del escenario y jamás terminó el concierto. Esto no significa que debamos agradecer que un joven estuviera bebiendo cerveza, pero el incidente fue una respuesta poderosa a la oración. Al poco tiempo, el alcalde y el ayuntamiento se reunieron y establecieron una ordenanza que prohibe esa clase de conciertos en la ciudad. ¡Sí, Señor!

Guerra espiritual de nivel estratégico

Esto es oración focalizada que se encarga de principados y de poderes de alto rango asignados a territorios geográficos y a redes sociales. Se suele llamar a estas fuerzas demoníacas "espíritus territoriales". El foco primario de este libro será la guerra espiritual de nivel estratégico y los lineamientos para aquellos que deseen avanzar en esta dimensión de oración. Veamos un ejemplo de guerra espiritual de nivel estratégico en Las Escrituras y luego un ejemplo de la actualidad.

Pablo y Silas en Filipos

Según la leyenda griega, el dios griego Apolo mató a Pitón, la terrible serpiente de tierra que vivía en las grutas cerca de Parnaso en Delfos. Mató a Pitón como venganza porque acosó a su madre, mientras ella buscaba dónde dar a luz a sus mellizos. Por este hecho, a veces se menciona a Apolo como Pitio, pronosticador de eventos futuros.

En la época de Pablo, la gente de la región de Filipos creía que Apolo, o Pitio, era quien influenciaba los hechos. El término *pitio* se usaba para nombrar a aquellos a quienes el espíritu pitio les hablaba. Leemos en el libro de Hechos que Pablo entró en guerra espiritual echando fuera a este espíritu pitio o de adivinación de una muchacha esclava (vea Hechos 16:18). Esto causó gran revuelo en la ciudad de Filipos. Creo que la respuesta y las actividades que sucedieron como resultado de la oración de Pablo indican que el espíritu que operaba en esta joven era un espíritu territorial. Permítame explicarle lo que quiero decir.

Hechos 16:19 dice que, cuando los amos de la joven se dieron cuenta de lo que había ocurrido, se molestaron mucho. Les arruinó la oportunidad de ganar dinero con las personas que buscaban información sobre el futuro. Echaron mano a Pablo y a Silas, y los llevaron ante las autoridades en la plaza. En el versículo 20, los amos de la esclava dicen: "… *Estos hombres son judíos, y están alborotando a nuestra ciudad*" (énfasis agregado).

Esta acusación me parece muy interesante. Pablo se dirigió al espíritu demoníaco que operaba por medio de esta joven. Luego fue acusado de alborotar a la ciudad. He orado pidiendo liberación para muchas personas, pero jamás resultó en una ciudad alborotada. Luego en el versículo 22: "*Entonces la multitud se amotinó contra Pablo y Silas…*". No solo que la ciudad estaba alborotada, sino que ahora la multitud se amotinó contra Pablo y Silas.

¿Por qué echar fuera el demonio de una joven causaría un alboroto y que una multitud amotinada, multitud que nada sabía de liberación, se levantara contra Pablo y Silas? El espíritu pitio que operaba a través de esta esclava o espiritista era un espíritu territorial que atrapó a la ciudad de Filipos.

Los magistrados ordenaron que Pablo y Silas fueran azotados y apresados. Aunque estaban encerrados en un calabozo interior y tenían los pies sujetos en el cepo, Pablo y Silas comenzaron a orar y a alabar a Dios. Investiguemos qué ocurrió después. *"De repente se produjo un terremoto tan fuerte que la cárcel se estremeció hasta sus cimientos. Al instante se abrieron todas las puertas y a los presos se les soltaron las cadenas"* (Hechos 16:26, énfasis agregado). ¡Vaya! Como resultado de echar fuera el espíritu demoníaco de la esclava, un terremoto fuerte azotó la región. No solo se abrieron las cadenas de Pablo y de Silas, sino que se soltaron las de *todos*.

Cuando hay oración de guerra espiritual efectiva, los signos de lo que ocurrió en el reino espiritual también se manifestarán en el reino físico, en este caso, el terremoto. Dios estaba estremeciendo la adoración fundacional a Apolo en esa región. El terremoto resultó en que se soltaron las cadenas de *todos*.

Otra indicación de la oración de guerra espiritual efectiva es la liberación de personas de la región de la oscuridad que los tenía atrapados. Son libres para comprender y experimentar la verdad y el amor de Dios. Esta es la brecha que se abrió en el encuentro de guerra espiritual en Filipos:

> El carcelero pidió luz, entró precipitadamente y se echó temblando a los pies de Pablo y de Silas. Luego los sacó y les preguntó:
> —Señores, ¿qué tengo que hacer para ser salvo?
> —Cree en el Señor Jesús; así tú y tu familia serán salvos —le contestaron.
> Luego les expusieron la palabra de Dios a él y a todos los demás que estaban en su casa. A esas horas de la noche, el carcelero se los llevó y les lavó las heridas; en seguida fueron bautizados él y toda su familia. El carcelero los llevó a su casa, les sirvió comida y se alegró mucho junto con toda su familia por haber creído en Dios.
>
> vv. 29-34

La demostración más significativa, de que se abrió una brecha espiritual en una región, es la salvación de aquellos que estaban atrapados en una oscuridad espiritual por un espíritu territorial.

Repasemos este encuentro de guerra espiritual. Pablo echó fuera a un espíritu pitio, también llamado espíritu de adivinación, de una esclava. Las acciones resultantes fueron una ciudad alborotada, una multitud amotinada, la encarcelación de Pablo y de Silas, un terremoto fuerte que soltó las cadenas de todos, y la salvación del carcelero y de su familia. Es obvio que el espíritu en esta joven era un espíritu territorial que mantenía a esta región a oscuras.

"Clubes de caballeros" en Houston

¿No es emocionante leer sobre las brechas espirituales en una región? Ahora veamos hechos de la actualidad. El siguiente es un ejemplo de una brecha que el Señor abrió en la ciudad de Houston.

Yo servía como coordinadora de oración de la Casa de Oración de Houston, una iglesia a la que asistíamos cuando vivíamos en esa ciudad. La iglesia pasaba por momentos maravillosos de oración compartida y de intercesión. El Señor comenzó a hablarles a los pastores y a mí sobre una nueva misión de oración para la iglesia. Nos pedía que oráramos por el "Club de caballeros" de la ciudad. Había una población particularmente densa de estos clubes en el área de Richmond en Houston. El Señor nos reveló una estrategia de oración. Debíamos orar en estos establecimientos y quebrar la atadura que el enemigo tenía sobre este territorio por medio de perversión y prostitución.

La noche del miércoles era el momento planificado para la oración compartida y la intercesión. Durante dos meses, este momento de oración tomó una dirección singular. Dividí a los adultos en grupos de cuatro o cinco con un líder de oración designado. A cada grupo se le asignaba un club de caballeros como su foco de oración para esa noche y luego se allegaban hasta dicho establecimiento. Les di instrucciones específicas de que debíamos orar en los estacionamientos y de que no debíamos entrar a los clubes.

Orar dentro del auto era lo preferible, ya que no era un área segura de Houston.

Un miércoles yo lideraba un grupo de mujeres en nuestro lugar asignado. Mientras orábamos, nuestro nivel de fe se elevó, y comenzamos a pedirle a Dios que causara que la condenación cayera sobre los hombres que entraban a ese club. Oramos y declaramos que los hombres no podrían permanecer en el club, que tendrían un gran deseo de marcharse. ¡Aprendí a no subestimar el poder de la oración! Mientras orábamos, un hombre condujo hasta el estacionamiento, salió de su auto y entró al club. Eso nos decepcionó, pero no por mucho tiempo. Diez segundos después ese mismo hombre salió del club abruptamente, corrió hasta su auto y se marchó deprisa. Todas nos preguntamos si nuestras oraciones habían afectado la escena que acabábamos de ver.

Cuando el siguiente hombre comenzó a caminar hacia el club, ¡nuestro nivel de fe estaba muy alto! Oramos por que el Señor hiciera que la condenación cayera sobre él, que su corazón se volviera hacia el Padre y hacia su familia, y que se alejara y no entrara al club. En cuanto terminamos de orar, se acercó a la entrada. Tomó la puerta y comenzó a abrirla, pero enseguida se congeló. Permaneció inmóvil por treinta segundos como si se debatiera. De pronto volteó, corrió a su auto y se marchó con tanta prisa ¡que dejó marcas de neumáticos en el estacionamiento! "¡Vamos, Dios!", gritamos.

En este periodo de dos meses, vimos respuestas emocionantes e innegables a nuestras oraciones. Los clubes de caballeros se volvieron la historia más importante de los noticieros vespertinos. Se expusieron conexiones y prácticas corruptas entre estos clubes y los oficiales del ayuntamiento. Esto forzó el cierre de varios establecimientos. Se impulsaron leyes nuevas. Se volvió ilegal que un hombre tocara a una bailarina o que se acercara a menos de un metro de ella. Se prohibió poner dinero físicamente en el vestido de una bailarina, y hacerlo podía resultar en consecuencias legales duras. Se restringieron los clubes a cierta zona, y no se permitió que se construyeran cerca de vecindarios, escuelas o iglesias. Esto causó que el negocio disminuyera, y que cerraran más clubes.

Lo más emocionante fue la brecha abierta por los evangelistas en la ciudad de Houston. Antes de que oráramos en el lugar por estos establecimientos, algunas mujeres bailarinas habían sido alcanzadas por el evangelio y habían llegado a la salvación. Después de esta temporada de oración focalizada, comenzaron a responder al Señor, y muchas habían aceptado el don de la salvación. Esta fue la respuesta más poderosa a nuestras oraciones.

Mientras que algunos clubes de caballeros aún operan en esta área de la ciudad, la estructura demoníaca en esta región se ha debilitado como resultado de la oración de guerra. Fuimos obedientes en nuestra misión y, cuando sea el momento que el Señor indique, Él levantará a otro grupo de guerreros para que destruya aún más la oscuridad de este territorio.

¡Dios es fiel! Lucas 10:19 dice: *"Sí, les he dado autoridad a ustedes para pisotear serpientes y escorpiones y vencer todo el poder del enemigo; nada les podrá hacer daño"*. Es maravilloso ver cómo las artimañas del enemigo se desmantelan y cómo Dios es glorificado. Usted también puede orar y ver las transformaciones que experimentan los territorios. A medida que avancemos, compartiré tácticas de oración de guerra que le ayudarán a lograr la meta de la transformación y apertura de brechas espirituales.

Exploremos lo esencial

1. Converse sobre un momento en el cual se vio involucrado en una guerra espiritual de nivel básico. ¿Cuál fue el resultado de sus oraciones?

2. ¿Conoce a alguna persona atrapada en creencias y prácticas de lo oculto? ¿Cuál fue la puerta abierta para que esta mentira de oscuridad atrapara a esta persona? Ore y pídale

a Dios que exponga la maraña de decepción que ató a este individuo y que interceda por su libertad completa.

3. Piense en la ciudad en la que vive. Describa una área o un lugar que esté atrapado por asuntos de lo oculto. ¿Qué maquinación o mentira cree que usó el enemigo para atrapar esta zona en la oscuridad? Comience a orar y pídale a Dios que libere esa área y a aquellos atrapados en la oscuridad.

4. Puede estar seguro de que hay espíritus territoriales atrapando su ciudad. ¿Qué cree que sean estos poderes?

5. A medida que avancemos en este libro, pídale al Señor que le hable sobre asuntos en su familia, en su vecindario, en su ciudad y en su estado. Pídale al Señor que le revele las misiones de oración que Él quiere revelar a los individuos y al grupo.

2

La Tierra es del Señor

"Del Señor es la tierra y todo cuanto hay en ella, el mundo y cuantos lo habitan; porque él la afirmó sobre los mares, la estableció sobre los ríos".

Salmo 24:1-2

"En el principio tú afirmaste la tierra, y los cielos son la obra de tus manos".

Salmo 102:25

"Cuando el Altísimo dio su herencia a las naciones, cuando dividió a toda la humanidad, les puso límites a los pueblos según el número de los hijos de Israel".

Deuteronomio 32:8

"Cuando el justo prospera, la ciudad se alegra; cuando el malvado perece, hay gran regocijo. La bendición de los justos enaltece a la ciudad, pero la boca de los malvados la destruye".

Proverbios 11:10-11

Dios creó la Tierra con un propósito específico en mente. La Escritura lo explica: *"Los cielos cuentan la gloria de Dios, el firmamento proclama la obra de sus manos"* (Salmo

19:1). La Tierra y los cielos son una manifestación de la gloria, del poder y de la majestad de Dios. Al observar la vasta expansión y la belleza de la creación, no podemos evitar maravillarnos del Señor nuestro Creador. La Tierra y los cielos también fueron creados para que Dios recibiera la gloria y el honor que su nombre merece. *"¡Brame el mar y todo lo que él contiene; el mundo y todos sus habitantes! ¡Batan palmas los ríos, y canten jubilosos todos los montes!"* (Salmo 98:7-8). Todas las cosas concebidas con la palabra de Dios en la creación, incluida la naturaleza, alaban y exaltan al Señor.

Dios es relacional. No es solo nuestro Creador, sino que también es nuestro Padre. Creó la Tierra para que pudiera cumplirse su propósito para la humanidad. Dios diseñó a Adán y a Eva a su imagen porque deseaba tener una relación personal y amorosa con la humanidad eternamente. En el libro de Apocalipsis, Juan describe la promesa para todos los creyentes al final de la Historia: *"¡Aquí, entre los seres humanos, está la morada de Dios! Él acampará en medio de ellos, y ellos serán su pueblo; Dios mismo estará con ellos y será su Dios"* (Apocalipsis 21:3).

Dios estableció la Tierra; es más, ubicó a las naciones. Estableció la herencia y el límite para toda la humanidad. Por ende, le preocupan las ciudades en las que vivimos. La Biblia nos dice que todo esto es verdad, pero en la Tierra parece como si Satanás tuviera autoridad y dominio completos sobre las personas y sobre el terreno. Si Dios está tan preocupado por el terreno, ¿por qué hay tantas personas y tantos lugares atrapados por la oscuridad?

Cómo Satanás toma lo que no le pertenece

Es cierto que Dios estableció la Tierra y puso a las naciones en su lugar, pero desde el comienzo de los tiempos, Satanás se ha puesto en contra del Señor y de sus planes. Y con demasiada frecuencia hemos caído en manos del enemigo. Satanás no tiene autoridad directa sobre la Tierra y las personas, a menos que se la demos. En su libro *The Last of the Giants* (El último de los gigantes), George Otis Jr. dice:

A menos que los individuos se entreguen al gobierno de Satanás por voluntad propia, permanecerán bajo la tierna influencia del Espíritu Santo. El objetivo de Satanás es tomar el control de las vidas de los seres humanos dominando los sistemas —políticos, económicos y religiosos— que han creado.[1]

Si Satanás no tiene autoridad excepto aquella que se le da, ¿cómo puede tener tanto control? ¿Cómo la humanidad perdió de vista los planes de Dios para su creación? Aquí hay cuatro razones clave.

Engaño

En el jardín del Edén, Satanás pudo engañar a Eva para que comiera la fruta prohibida. Ella, a su vez, influenciada por su mentira, pudo convencer a Adán de que se le uniera. La caída de la raza humana sucedió por causa del engaño. Esta es una de las armas principales de Satanás para alejar a las personas de la verdad de Dios. La Biblia enseña que *"el dios de este mundo ha cegado la mente de estos incrédulos, para que no vean la luz del glorioso evangelio de Cristo, el cual es la imagen de Dios"* (2 Corintios 4:4).

Pablo dice que Satanás engaña y ciega las mentes de los perdidos para que no comprendan el evangelio y no reciban salvación. El engaño también es el instrumento dominante que usará Satanás para guiar a la gente a rebelarse contra Dios al final de la Historia (vea 2 Tesalonicenses 2:8-12).

División

Jesús dijo: *"El ladrón no viene más que a robar, matar y destruir; yo he venido para que tengan vida, y la tengan en abundancia"* (Juan 10:10). Satanás dividirá a las personas y las regiones, y las alejará del evangelio y de una relación con el Padre. También dividirá a los creyentes entre ellos.

Acusación

"… el acusador de nuestros hermanos (…) acusaba día y noche delante de nuestro Dios" (Apocalipsis 12:10). La frase "acusador de

nuestros hermanos" suele usarse para describir a Satanás. Nos acusará señalando nuestras faltas y trayéndonos a la autocondenación. Satanás también levantará acusaciones entre un individuo y otro, lo cual resultará en relaciones truncadas. Héctor Torres explica cómo trabaja el enemigo para dividir relaciones:

> Los celos, la envidia y el espíritu de acusación son las armas de división más grandes. El enemigo usa este espíritu de acusación para traer discordia, división y duda entre nuestros líderes y hermanos. Cuando esto sucede podemos estar seguros de que no proviene de Dios. Dios no es el autor de la confusión, sino de la paz. Satanás solo puede usar vasijas sagradas para interferir con los planes de Dios.[2]

Posesión ilegal de un territorio

En su deseo por mantener regiones y territorios en la oscuridad, Satanás suele ocupar terrenos ilegalmente. No lo hace profanando la tierra, sino manteniendo a aquellos dentro de los límites de ese territorio bajo la influencia de sus engaños y mentiras.

> Cuando el Señor termine lo que va a hacer contra el monte Sión y contra Jerusalén, él dirá: "Castigaré el fruto del orgulloso corazón del rey de Asiria y la arrogancia de sus ojos". Porque afirma: "Esto lo hizo el poder de mi mano; lo hizo mi sabiduría, porque soy inteligente. He cambiado las fronteras de los pueblos, he saqueado sus tesoros; como un guerrero poderoso he derribado a sus reyes…".
>
> Isaías 10:12-13

¿Cómo se profana un terreno? Tiene que ver con la mayordomía. Un mayordomo es una persona que es puesta a cargo de los asuntos de un hogar o de un patrimonio. Dios nos llamó a nosotros, a su Iglesia, a su Novia, a que seamos mayordomos del terreno. Génesis 1:28 describe lo que Dios piensa acerca de la mayordomía:

> Y (Dios) los bendijo con estas palabras: "Sean fructíferos y multiplíquense; llenen la tierra y sométanla; dominen a

los peces del mar y a las aves del cielo, y a todos los reptiles que se arrastran por el suelo".

En su libro *Liberación y sanidad en el planeta Tierra*, Alistair Petrie explica la mayordomía del terreno:

> Esta es una de las primeras directivas que Dios le da a la humanidad: "Dios el Señor tomó al hombre y lo puso en el jardín del Edén para que lo cultivara y lo cuidara" (Génesis 2:15). La palabra hebrea *shamar* usada en este versículo tiene muchos significados: cercar algo con arbustos, mantener, guardar, cuidar como un cuidador, proteger. Esta es nuestra responsabilidad como mayordomos —nada menos que *cuidar la tierra*.
> La mayordomía, entonces, es un principio divino que enfatiza nuestra aceptación de la responsabilidad sobre las posesiones que nos confió alguien más, más que la entrega que nosotros hacemos de nuestras posesiones. Este es nuestro llamamiento personal y compartido para ser mayordomos del Reino de Dios. Simplificándolo, la mayordomía tiene que ver con la administración.[3]

Dios diseñó la creación para que el hombre administrara el terreno y se ocupara de las posesiones de Él. Después de que entró el pecado, el hombre comenzó a batallar con el terreno. El enemigo obtuvo acceso, y el hombre comenzó a seguir sus deseos y prácticas pecaminosos. Esto le abrió la puerta al enemigo, con la ayuda del hombre, para obtener el control de los recursos del Señor.

Los planes de Satanás para la profanación

La Biblia nos dice que no debemos estar desinformados de las maquinaciones del diablo *"para que Satanás no se aproveche de nosotros pues no ignoramos sus artimañas"* (2 Corintios 2:11). Si él puede impedir los planes de Dios para un terreno y sus habitantes, puede mantener a la humanidad atada a la oscuridad y sin relacionarse con el Padre. Una de las defensas claves contra los ataques de Satanás es comprender sus esfuerzos incansables y sus estrategias para controlar los territorios de la Tierra.

Como viajé mucho en viajes de oración de guerra espiritual con Alice Smith, del Centro de Oración de los EE. UU., quiero compartir las perspectivas que aprendí de su enseñanza y de nuestras experiencias juntas. Creo que los ejemplos que siguen son armas fundamentales usadas por Satanás para profanar el terreno.

Derramamiento de sangre inocente
El Señor le habló al profeta Jeremías:

> Y ve al valle de Ben Hinón (...) y proclama allí las palabras que yo te comunicaré. Diles: "Reyes de Judá y habitantes de Jerusalén, escuchen la palabra del Señor. Así dice el Señor Todopoderoso, el Dios de Israel: 'Haré venir tal calamidad sobre este lugar, que a todo el que se entere le zumbarán los oídos. Porque ellos me han abandonado. Han profanado este lugar, quemando en él incienso a otros dioses que no conocían ni ellos ni sus antepasados ni los reyes de Judá. Además, han llenado de sangre inocente este lugar. Han construido santuarios paganos en honor de Baal, para quemar a sus hijos en el fuego como holocaustos a Baal, cosa que yo jamás les ordené ni mencioné, ni jamás me pasó por la mente'".
>
> Jeremías 19:2-5

El derramamiento de sangre inocente contamina la tierra, en especial cuando involucra la alabanza de dioses y diosas demoníacas. Cuando la sangre del inocente es regada en la tierra con fines demoníacos, Satanás reclama como suyo ese terreno ensangrentado. En una zona donde se perpetúa esta manifestación de veneración demoníaca, se encuentran espíritus fuertes de muerte, de temor, del anticristo y, frecuentemente, de brujería.

Moloc era el dios pagano que veneraban los amonitas. Sus seguidores eran obligados a sacrificar niños (vea Levítico 20:1-5). Muchos creen que este es el principado demoníaco responsable del aborto. Por medio del derramamiento de la sangre de bebés inocentes, Satanás reclama territorios. Él y sus secuaces también reclaman tierras donde ocurrieron guerras, traumas, tiroteos y asesinatos.

Inmoralidad sexual

Levítico 18:1-23 define las relaciones sexuales indebidas. Los versículos 24 y 25 explican los resultados de la inmoralidad sexual:

> No se contaminen con estas prácticas, porque así se contaminaron las naciones que por amor a ustedes estoy por arrojar, y aun la tierra misma se contaminó. Por eso la castigué por su perversidad, y ella vomitó a sus habitantes.

¿Recuerdan la historia de los clubes de caballeros del capítulo uno? Las prácticas sexuales consistentes e impías en una región establecen una fortaleza de perversión y prostitución. En la veneración a ídolos, con frecuencia se exige que los adherentes cometan adulterio, fornicación y prostitución.

Astarté era la diosa demoníaca que veneraban los sidonios (vea 1 Reyes 11:33). Su preferencia eran las prácticas sexuales malignas y el sacrificio de niños:

> Astarté era la esposa de El y de Baal, quien también era su hijo. Se deleitaba con las prácticas sexuales malignas y con los sacrificios humanos, incluidos los de niños. Por momentos Asherah es su hermana y por otros son sinónimos. Astarté se regocija al caminar en sangre humana. Es la personificación de los poderes demoníacos

Cuando en una zona se propagan el adulterio, la fornicación y la prostitución, el enemigo ha ganado control, y el terreno está maldito. Como se muestra en la siguiente escritura, en la cual Dios habla a través de los profetas, el resultado es la reducción del territorio para aquellos involucrados.

Adulterio

(Ahola y Aholiba) han cometido adulterio, y tienen las manos manchadas de sangre. Han cometido adulterio con sus ídolos malolientes, han sacrificado a los hijos que me dieron, y los han ofrecido como alimento a esos ídolos. Además, me han ofendido contaminando mi santuario y, a la vez, profanando mis sábados.

Ezequiel 23:37-38

"Supongamos que un hombre se divorcia de su mujer, y que ella lo deja para casarse con otro. ¿Volvería el primero a casarse con ella? ¡Claro que no! Semejante acción contaminaría por completo la tierra. Pues bien, tú te has prostituido con muchos amantes, y ya no podrás volver a mí", afirma el Señor. "Fíjate bien en esas lomas estériles: ¡Dónde no se han acostado contigo! Como un beduino en el desierto, te sentabas junto al camino, a la espera de tus amantes. Has contaminado la tierra con tus infames prostituciones. (...) Como Israel no tuvo ningún reparo en prostituirse, contaminó la tierra y cometió adulterio al adorar ídolos de piedra y de madera".

Jeremías 3:1-2, 9

Fornicación y prostitución
Construiste prostíbulos en cada plaza. ¡No hubo esquina donde no te exhibieras para prostituirte! Te abriste de piernas a cualquiera que pasaba, y fornicaste sin cesar. Te acostaste con los egipcios, tus vecinos de grandes genitales, y para enfurecerme multiplicaste tus fornicaciones. Yo levanté mi mano para castigarte y reduje tu territorio.

Ezequiel 16:24-27

Moviendo las fronteras de la Tierra de Dios
Satanás está dedicado a ganar más y más territorio. Usará cualquier método posible para derramar sangre y extender sus fronteras, y recolectar más almas para su reino de oscuridad. Recuerde que está compitiendo con Dios para gobernar la Tierra y profesarla como propia. Usará vasijas humanas para lograr su meta. Es un ejemplo de las artimañas violentas y malvadas del príncipe de la oscuridad.

Así dice el Señor: "Los delitos de Amón han llegado a su colmo; por tanto, no revocaré su castigo: Porque, a fin de extender sus fronteras, a las mujeres encintas de la región de Galaad les abrieron el vientre".

Amós 1:13

Pactos rotos

Un *pacto* es un acuerdo vinculante y solemne entre dos o más individuos.[5] En Las Escrituras, el Señor hizo muchos pactos con sus hijos. Estos no eran solo contratos vinculantes para mantener a los hijos de Israel en los propósitos del Señor, sino que también eran medios de protección. Cada vez que se hace un pacto con Dios, Satanás intenta destruir el pacto. Y lo logra mayormente por medio de engaños. Una vez que fue engañado, el hombre le abre la puerta a la profanación al aceptar las mentiras y al rebelarse contra el Señor.

> La tierra languidece y se marchita; el mundo se marchita y desfallece (...) La tierra yace profanada, pisoteada por sus habitantes, porque han desobedecido las leyes, han violado los estatutos, han quebrantado el pacto eterno. Por eso una maldición consume a la tierra...
>
> Isaías 24:4-6

No pedirle a Dios sabiduría

En toda La Escritura, se nos dice que debemos buscar al Señor y seguir sus caminos, y el resultado serán bendiciones, prosperidad, benignidad, protección, etc. Como lo dice la escritura que cito a continuación, los líderes y los creyentes que no buscan a Dios ni su sabiduría están rebelándose contra Él. Esto hace que el Señor levante su mano de bendición y protección. Estas personas permitieron que su territorio fuera manchado por Satanás.

> Yo los traje a una tierra fértil, para que comieran de sus frutos y de su abundancia. Pero ustedes vinieron y contaminaron mi tierra; hicieron de mi heredad algo abominable. Nunca preguntaron los sacerdotes: "¿Dónde está el SEÑOR?" Los expertos en la ley jamás me conocieron; los pastores se rebelaron contra mí, los profetas hablaron en nombre de Baal y se fueron tras dioses que para nada sirven.
>
> Jeremías 2:7-8

La matanza de gente justa

Satanás disfruta mucho matando gente justa. Está obsesionado con arruinar los planes de Dios y desea hacerlo matando a hombres, mujeres y niños justos. En todo el mundo, hay creyentes que son martirizados por su fe. Las fuerzas impulsoras detrás de esas muertes son los dioses y las diosas demoníacos que se exaltan en las religiones paganas. Satanás está en un juego de poder con la Iglesia y con el Reino de Dios. Lucha por debilitar nuestras fuerzas matando a los justos. ¡La buena noticia es que su derrota está garantizada! ¡Satanás no ganará!

> Oh Dios, los pueblos paganos han invadido tu herencia; han profanado tu santo templo, han dejado en ruinas a Jerusalén. Han entregado los cadáveres de tus siervos como alimento de las aves del cielo; han destinado los cuerpos de tus fieles para comida de los animales salvajes. Por toda Jerusalén han derramado su sangre, como si derramaran agua, y no hay quien entierre a los muertos.
>
> Salmo 79:1-3

Idolatría

Dejé este punto para el final. Quizá notó que muchas de las referencias bíblicas anteriores mencionan la idolatría muchas veces. La adoración a ídolos es una de las razones más importantes detrás del derramamiento de sangre inocente, del adulterio, de la modificación de las fronteras de la Tierra de Dios, del cambio en las leyes de Dios, de no pedirle sabiduría a Él y de la matanza de gente inocente. El Señor aborrece la adoración a ídolos, como lo expresa en los primeros dos Mandamientos.

> No tengas otros dioses además de mí. No te hagas ningún ídolo, ni nada que guarde semejanza con lo que hay arriba en el cielo, ni con lo que hay abajo en la tierra, ni con lo que hay en las aguas debajo de la tierra. No te inclines delante de ellos ni los adores. Yo, el SEÑOR tu Dios, soy un Dios celoso. Cuando los padres son malvados y me odian, yo castigo a sus hijos hasta la tercera y cuarta generación. Por el contrario, cuando me aman

y cumplen mis mandamientos, les muestro mi amor por mil generaciones.

Éxodo 20:3-6

El primer Mandamiento (la primera oración del texto anterior) se refiere mayormente a la veneración a espíritus (demonios) por medio del espiritismo, de la adivinación y de la idolatría. El segundo Mandamiento prohibe el culto a otros dioses y a cualquier imagen de ellos. También prohibe hacer un ídolo a imagen de cualquier cosa en el cielo, incluido al Señor mismo. La alabanza de Dios no debe ser dirigida hacia un objeto; está basada en La Palabra de Dios –su revelación en la persona de Jesucristo y una relación personal con Él.

El siguiente es un ejemplo bíblico de idolatría y la ira del Señor contra esta práctica:

> Los niños juntan la leña, los padres encienden el fuego, y las mujeres hacen la masa para cocer tortas y ofrecérselas a "la reina del cielo". Además, para ofenderme derraman libaciones a otros dioses. Pero no es a mí al que ofenden —afirma el SEÑOR—. Más bien se ofenden a sí mismos, para su propia vergüenza. Por eso, así dice el SEÑOR omnipotente: "Descargaré mi enojo y mi furor sobre este lugar: sobre los hombres y los animales, sobre los árboles del campo y los frutos de la tierra, ¡y arderá mi enojo y no se apagará!".
>
> Jeremías 7:18-20

En una guerra de nivel estratégico, el foco suele estar en orar contra los principados detrás del culto a ídolos y contra los espíritus religiosos sobre las regiones. La idolatría está desenfrenada en el mundo actual. Créame, no es solo algo de lo que leemos en los libros de Historia o en La Biblia. Es muy frecuente en nuestra nación y en las naciones del mundo.

Quiero hablar ahora de lo que parece ser una razón demoníaca generalizada para esta idolatría constante. En la cita anterior de Jeremías, se menciona el foco particular del enojo de Dios. Esta herramienta de Satanás ha tomado muchas formas a lo largo de los siglos; es tan responsable por destruir los propósitos de Dios para la Tierra en la actualidad como lo era en la época de Jeremías. Es un principado llamado "la reina del cielo".

La reina del cielo

En el libro *Cómo enfrentarnos a la reina del cielo* de Peter Wagner, leemos: "La reina del cielo es la autoridad demoníaca más responsable después de Satanás de mantener a los no creyentes en la oscuridad espiritual".[6] Estoy de acuerdo con esta afirmación. Cuantas más naciones visito y cuanto más profundizo mis investigaciones de estas naciones, más formas fuertes de adoración idólatra he encontrado que involucran a la reina del cielo. Suele involucrar la adoración a la diosa de la Luna –o sea, Diana, Ártemis, Beltis, Ishtar o Cibeles, para nombrar unas pocas.

También toma la forma de humanos, a quienes luego se los adora como a dioses. Desearía que hubiera una forma más delicada de decir esto, pero uno de los ejemplos más prominentes de la adoración a la reina del cielo involucra a María, la madre de Jesús. El enemigo logró infiltrarse en la Iglesia católica romana con este engaño al decretar que una joven sierva del Señor llamada María es la "Reina por sobre todas las cosas" y que puede servir como mediadora entre nosotros y Jesús. El Catequismo Católico sigue diciendo:

> "Al dar a luz, conservaste tu virginidad; en tu Asunción no dejaste el mundo, oh, Madre de Dios, sino que te uniste a la fuente de la Vida. Concebiste al Dios viviente y, gracias a tus oraciones, librarás nuestras almas de la muerte".[7] María, "libre de todo pecado durante toda su vida", también es considerada como "todo pureza".[8]

Hay al menos dos escuelas de pensamiento respecto de María. Las denominaciones protestantes dicen: "¡No adoren a María!". Hablan poco sobre ella. Por otro lado, los católicos dicen: "No la adoramos, la veneramos". Hay una línea fina entre la adoración y la veneración. Pero orarle a una persona y tener estatuas, pinturas, reliquias y otros objetos que atraen la atención hacia esa persona caen más en la categoría de adoración.

Para asegurarnos, es importante recordar a los héroes de la fe. La Biblia hace esto. María fue la mujer que Dios escogió de entre todas las mujeres de todos los tiempos para dar a luz al mismísimo Hijo de Dios. Podemos y debemos celebrar su corazón y su respuesta a Dios de "hágase conmigo conforme a tu palabra". Pero Abraham también fue escogido por Dios y no lo adoramos ni lo veneramos. Debemos ser cautelosos de no cruzar la línea y venerar a alguien que no sean Dios, Jesús o el Espíritu Santo.

Creo que, lamentablemente, muchos hombres y mujeres sinceros cruzaron la línea en relación a María. A los católicos se les enseña, por ejemplo, a traer sus peticiones ante María en oración para que ella pueda presentárselas a su Hijo, quien seguramente no la rechazará. Como dijo el papa Juan Pablo II en sus comentarios de cierre durante una visita pastoral a la República Checa: "Y ahora oremos a la misericordiosa reina del cielo".[9]

Pero la intención de Dios no es que le oremos a ninguna persona ni a ninguna imagen, excepto a Él. Isaías 43:11 dice: *"Yo, yo soy el Señor, fuera de mí no hay ningún otro salvador"*. Isaías 42:8 dice: *"Yo Jehová; este es mi nombre; y a otro no daré mi gloria, ni mi alabanza a esculturas"* (RVR60).

Después de viajar a Roma y de pasar mucho tiempo investigando la historia de la Iglesia católica romana, mis ojos se abrieron al nivel de engaño que tiene que ver con María. Aquí hay una reseña breve de esa historia.

Comienza con el Concilio de Éfeso, que se reunió en el año 431 d. C. y que fue liderado por el papa Celestino I. En esta reunión, María fue exaltada a la posición de "Madre de Dios". Cabe señalar que en Roma, en ese momento, Cibeles era la forma de la reina del cielo más adorada por el pueblo.

El siguiente documento explica claramente el engaño que rodea a María y cómo esta forma de adoración fue tan fácilmente adoptada en Roma y en la Iglesia católica. El nombre *María* aquí se refiere a la entidad demoníaca.

> María no tuvo que luchar contra sus competidores paganos; sus estrategias de campaña fueron mucho más sutiles y refinadas. (...) (Tampoco tuvo que) enfrentar a las diosas antiguas y causar conflictos de ideas religiosas ni concitar la agitación social entre sus seguidores. María simplemente se infiltró en el reino de la antigua diosa local, asumió sus propiedades, mantuvo la tranquilidad de sus seguidores y así ayudó al cristianismo a ganar más terreno. Todos los santuarios mayores que antes estaban dedicados a la divinidad pagana femenina fueron transformados en iglesias católicas dedicadas a María. Los santos preceptos anteriores se mantuvieron en funcionamiento, aunque bajo el gobierno de una nueva deidad.[10]

Una nota sobre Cibeles dice:

> Probablemente una de las diosas más veneradas en la antigüedad tardía, (Cibeles) no fue sustituida por María sino por San Pedro, cuya iglesia (el Vaticano), erigida en el lugar del antiguo templo de Magna Mater (el de Cibeles), se convirtió en el centro espiritual de los católicos romanos. En su santuario, la piedra más preciada, un meteorito, fue transferida a Roma y venerada como Magna Mater. Cuando apareció el cristianismo, el estatus de Cibeles era muy prominente en Roma. La aparición de María en Roma sin duda fue apoyada por el culto a Cibeles por las similitudes de la diosa con ella; ambas eran madres vírgenes. Desde el siglo cuarto, la idea de María como la reina del cielo forma parte de las creencias cristianas, y hay muchas pinturas que representan a María siendo coronada por su hijo en compañía de santos y ángeles.[11]

Básicamente, lo que sucedía era esto. En la Roma antigua, el centro de adoración a Cibeles estaba ubicado sobre lo que ahora es el terreno del Vaticano. La adoración a María reemplazó la adoración a Cibeles. Gradualmente, la imagen de María tomó la personalidad de Cibeles y se convirtió en el centro de adoración en

Roma. De esta forma, la adoración a la diosa fue excusada por la Iglesia católica y perpetuada a todo el mundo con su bendición.

La oscuridad que se permitió por medio de este engaño es muy amplia. La contaminación del suelo a través de la adoración a la autoridad de la reina del cielo (haciéndose pasar por María) llevó a muchos habitantes a sufrir hechos dolorosos. Aquí hay tres, que dejaron marcas profundas en la Tierra.

Cruzados en Tierra Santa

Las religiones que basan sus creencias y su adoración en la reina del cielo suelen tener una larga historia de derramamiento de sangre. En el caso de la Iglesia católica, este derramamiento de sangre ha sido dirigido hacia los no católicos y en especial hacia la gente judía. En 1096, el papa Urbano II inició la primera cruzada para recuperar Jerusalén de los musulmanes para la Iglesia católica, que se consideraba era su legítima dueña. A medida que los cruzados avanzaban por Europa hacia la Tierra Santa, mataron a judíos y a "herejes", con el símbolo de la Cruz grabado en sus escudos y armaduras.

Cuando la primera cruzada llegó a Jerusalén, había seis mil judíos reunidos en una sinagoga. Los cruzados incendiaron el edificio y los mataron a todos. Treinta mil musulmanes fueron reunidos en una mezquita y masacrados. La sangre y las partes corporales desmembradas de los muertos llenaban las calles de Jerusalén.

La Inquisición española

La Inquisición española también fue obra de la Iglesia católica romana. La reina Isabel I y el rey Fernando eran católicos fervientes y trajeron la Inquisición a España en el año 1492, en un intento por instalar la unidad religiosa. Como ambos eran devotos católicos romanos, decidieron liberar a España de todos los no católicos. La Inquisición, que duró cuatro siglos, torturó y mató a todos aquellos que eran acusados de ser herejes –término que se refería a cualquier persona que estuviera en desacuerdo con cualquier doctrina católica romana o con cualquier decreto papal–. Se alentaba a los padres a denunciar a sus hijos, y a los hijos se los alentaba a denunciar a sus padres por cualquier actividad sospechosa que estuviera en contra del dogma católico. La cantidad de personas que murieron no se conoce con exactitud. Algunos estiman que más de ochocientos mil individuos fueron asesinados como resultado de la Inquisición, mientras que otros creen que fueron entre miles y decenas de miles los que murieron en manos de los inquisidores. El último asesinato en nombre de la Inquisición ocurrió en el año 1826. El acusado era Cayetano Ripoll, un director de escuela de Rizaffa. A continuación resumiré su juicio y muerte en manos del tribunal inquisidor, conocido en este momento de la historia como "la Junta".

Ripoll abandonó el cristianismo por el deísmo, pero personificaba las enseñanzas de Cristo, ya que compartía sus escasas posesiones con los necesitados y les recordaba a quienes lo rodeaban que "trataran al prójimo como querrían ser tratados". Aunque no intentaba propagar sus creencias personales, se lo denunció ante la Junta por no llevar a sus alumnos a misa, por no obligarlos a arrodillarse ante la eucaristía y por sustituir en su escuela la frase *Ave María purísima* por *Alabado sea Dios*. Fue arrestado en 1824, y su juicio duró casi dos años.

Ripoll no tuvo una audiencia ni la oportunidad de defenderse. Fue sentenciado a la horca y su cuerpo fue quemado o abandonado en terreno no consagrado. Después de escuchar el veredicto de sus acusadores, Ripoll dijo: "Muero reconciliado con Dios y con el hombre".

¡Considere cuán reciente es esto! Al momento de escribir este libro, han pasado solo ciento setenta y ocho años desde que una persona murió por no profesar el catolicismo romano. Esto fue hecho en el nombre de Jesucristo.

Como Isabel I y Fernando operaban bajo la influencia de la reina del cielo, la Inquisición dejó una potente fortaleza de miedo y muerte sobre España. Aquellos a quienes el Señor levanta para romper el engaño de la idolatría y de la adoración a la reina del cielo son actualmente considerados miembros de un culto. Viven perseguidos. Debemos orar por el pueblo de España y por que la salvación comience a avanzar en esa tierra.

El Holocausto

La reina del cielo es una de las autoridades demoníacas más responsables del odio hacia el pueblo judío y de la no aceptación de ninguna denominación que no concentre su adoración en ella y en las muchas formas en las cuales aparece. Creo que esta fuerza demoníaca adversaria jugó un papel decisivo en el Holocausto. También creo que fue el trabajo de este espíritu en la Iglesia católica romana el que la llevó a permanecer neutral durante el Holocausto. Los representantes de las organizaciones judías y los poderes Aliados le rogaron al papa Pío XII que condenara las acciones de los nazis. Pero él permaneció en silencio durante la Segunda Guerra Mundial a pesar de tener conocimiento de los campos de exterminio.

Hitler, que fue criado como católico, pidió la bendición de la Iglesia católica:

> En 1936 el obispo Berning de Osnabruch había hablado con el *Führer* por más de una hora. Hitler le aseguró a Su Señoría que no había diferencias fundamentales entre el Socialismo Nacional y la Iglesia Católica. Argumentó que la Iglesia también había considerado a los judíos parásitos y los había encerrado en guetos.
> Presumió: "Solo estoy haciendo lo que la Iglesia ha hecho por mil quinientos años, solo que con mayor efectividad". Al ser él también católico, le dijo a Berning que "admiraba el cristianismo y quería promoverlo".[12]

Lo que busco al trasmitir esta información no es debatir la teología católica romana ni sugerir que Dios no renovó los corazones de muchas personas en la Iglesia católica romana. Dios es misericordioso y salva a aquellos que realmente lo buscan y que desean la salvación a través de la fe en Jesucristo. Hay muchos creyentes católicos que aman al Señor profundamente y que le sirven con fidelidad. El catequismo de la Iglesia católica romana dice que "el plan de salvación de Dios fue logrado 'una vez para todos' por la muerte redentora de su Hijo Jesucristo". Eso señala que la veneración a María "no quita nada ni agrega nada a la dignidad y a la eficacia de Cristo como único Mediador". En mi experiencia, sin embargo, estas palabras no reflejan las creencias en los corazones de la mayoría de los católicos romanos en muchas de las naciones en las cuales he hecho investigaciones y donde he orado. La adoración a María como la reina del cielo y la confianza en sus oraciones prevalece ampliamente en la mayor parte del mundo por encima del reconocimiento de Jesús como nuestro único Mediador.

Lo que intento hacer es aclarar la verdad histórica para que el enemigo ya no pueda mantenernos atados al engaño de la adoración a la reina del cielo –en cualquier forma en la que aparezca–. Comparto esta información con quienes han sido llamados y con aquellos que se mueven en la oración de guerra espiritual de nivel estratégico para que veamos cómo esta autoridad puede afianzarse y mantener el poder y el control. Es vital que comprendamos estas verdades para poder orar específica y efectivamente, y ver cómo se liberan las naciones afectadas de manera profunda por estos hechos.

Permítame mostrarle a qué me refiero. El momento más sobrenatural que jamás experimenté en años de practicar la guerra espiritual de nivel estratégico involucró la adoración a María. Esta experiencia muestra la efectividad de la oración de guerra y de la investigación combinadas para ayudar a liberar la región del dominio del enemigo.

Santa María la Mayor

Al investigar esta información sobre el poder que la reina del cielo tiene para engañar y destruir, Alice Smith y yo lideramos un equipo de veintiún intercesores en un viaje de oración de guerra a

Roma. Al orar allí, sentíamos que el derramamiento de sangre de la raza judía pesaba en el corazón del Señor. Oramos varias veces en diferentes lugares para que las almas perdidas fueran salvadas como resultado de la sangre de esos mártires.

Después de pasar nueve días en Roma orando en muchas iglesias, comencé a comprender mejor el lugar de la adoración a María en la Iglesia católica romana. En todas las iglesias que visitamos, ninguna se enfocaba en la adoración a Jesucristo. Todas se enfocaban en María. De hecho, la mayoría de las iglesias mostraban a María en el trono y a Jesús y a Dios el Padre a cada lado de ella, coronándola. ¡Ella estaba sentada en el trono de Dios! Nuestros corazones se entristecían por las personas atrapadas en este engaño. También llegamos a un lugar espiritual en el cual experimentamos una indignación justa con esta forma de adoración falsa. En mi opinión, como ya lo he dicho, esta adoración sigue siendo la adoración a Cibeles. Creo firmemente que Cibeles es la diosa responsable de las muertes de judíos, de protestantes y de cualquiera que no profesara el catolicismo como su religión.

En nuestro último día en Roma, nuestro equipo oró en la Santa María la Mayor, la iglesia romana dedicada a María más grande y la que se conoce como el centro del "culto a la virgen".[13] La iglesia está construida en el mismo lugar que el templo de Juno, diosa pagana y protectora de las mujeres en el parto. Ese templo pagano fue construido en 375 a. C. y se convirtió en uno de los centros más importantes de Roma. Sirvió como lugar de adoración por ochocientos años. Juno es parte de la estructura de la reina del cielo.

En el año 350 d. C., el papa Liberio fundó la primera iglesia que se ubicaba en este lugar; fue financiada por un noble romano y su esposa. Esta pareja no tenía hijos y decidió dejarle su fortuna a la Virgen Bendita. Ella se les apareció en un sueño y les dijo que debían construir una iglesia en su honor. Según dice la leyenda, como símbolo de que la iglesia debía ser erigida, la Virgen causó una nevada milagrosa en verano (el 5 de agosto) en el lugar donde la iglesia debía ser construida. El papa Liberio fue testigo de este "milagro".

En el año 432 d. C., el papa Sixto reconstruyó la iglesia un año después de que se reunió el Concilio de Éfeso. Esto se hizo en honor a que la Virgen recibiera el título de *Theotonos* o "madre de dios". Durante los últimos mil quinientos años, esta iglesia dedicada a María ha celebrado tres servicios diarios. ¡Desde ese tiempo, ni un solo día ha dejado de haber servicios!

Cuando orábamos en la iglesia, comenzó el servicio. Sin embargo, mientras que la gente cantaba, no percibíamos vida o esperanza. Parecía un canto fúnebre. Mientras continuábamos orando alrededor del altar central, un grupo se nos acercó y parecía estar cantando en adoración a María. Uno de los miembros de nuestro equipo, Charles Dolittle, comentó que era tiempo de adorar a aquel digno de alabanzas, Jesús. Alice me dijo que comenzara a cantar *What a Mighty God We Serve* (Servimos a un Dios todopoderoso). Nuestro equipo estaba dispersado en toda la iglesia en grupos de cuatro personas. Cuando yo comencé a cantar, el resto del equipo respondió y las alabanzas a Jesús comenzaron a llenar la iglesia. Por favor, comprenda que cuando lidero un equipo, creo que es importante mantener la discreción y no llamar la atención. Esta fue una ocasión inusual para Alice y para mí, pero sabíamos que era de Dios. Cantamos el estribillo varias veces, y al terminar, Charles levantó los brazos en alto y declaró que Jesús es el verdadero Hijo de Dios y que Él es el único que debe ser adorado. Fue una declaración poderosa.

Después de cantar y antes de marcharnos, caminamos por la iglesia siguiendo nuestro propio *tour*. Yo estaba de pie frente al altar dedicado a la virgen cuando sentí que alguien se había acercado a mí y que estaba de pie a mi lado intentando atraer mi atención. El Señor me indicó que debía voltear y saludar al individuo. Por un momento, discutí con el Señor porque no tenía un intérprete y temía que el individuo no hablara inglés. El Señor me regañó y me indicó que volteara y que saludara. Obedecí de prisa.

Volteé y vi a una anciana dulce que me sonrió con calidez y que me devolvió un saludo entusiasmado. Hablaba con un acento que yo no podía identificar. Con alegría exclamé:

–¡Habla inglés!

Ella dijo que sí y luego procedió a hacerme una pregunta, que es la pregunta más asombrosa que me han hecho como intercesora. Comenzó:

–Por favor, ¿quién era el Dios al que adoraban? No es el Dios que se me enseñó a adorar y quiero conocer el Dios que usted y sus amigos adoraban. Fue muy hermoso y libre. ¿Quién es Él?

Yo no podía contener las lágrimas. Respondí:

–Jesucristo, el Hijo de Dios.

Ella dijo: -Imaginé que era Él. ¿Podría mostrarnos a mí y a mi hija cómo conocerlo?

Le respondí que sí con mucha alegría y, luego de que hubo traído a su hija, conocí más de ellas.

El nombre de la madre era María y el de la hija, Natasha. Eran de Moscú ¡y eran judías rusas ortodoxas! Así que allí, frente al altar más antiguo de Roma que representaba a Cibeles, la diosa responsable de las muertes de millones de judíos, en el lugar de un templo pagano, ¡dos mujeres judías fueron salvadas!

Su salvación fue la guerra espiritual de nivel estratégico en acción. Fueron nacimientos espirituales en el Reino de Dios por los cuales Jesús recibe la gloria, no la diosa demoníaca llamada Juno. ¡Qué asombroso que es servir a un Dios que une a un equipo de intercesores de Texas con dos mujeres rusas judías ortodoxas en una iglesia en Roma! Sinceramente, creo que ese día el enemigo recibió un golpe fuerte en las filas de principados y en su dominio sobre Roma. Agradezco al Señor el privilegio de ser su socia en la intercesión por las naciones de la Tierra. Solo Dios pudo orquestar un hecho tan sobrenatural.

Dios desea un terreno propio

Cuando Dios llamó a Abraham, fue muy claro en su propósito:

El Señor le dijo a Abram: "Deja tu tierra, tus parientes y la casa de tu padre, y vete a la tierra que te mostraré. Haré de ti una nación grande, y te bendeciré; haré famoso tu nombre, y serás una bendición. Bendeciré a los que te bendigan y maldeciré a los que te maldigan; ¡por medio de ti serán bendecidas todas las familias de la tierra!".

Génesis 12:1-3

Abraham fue llamado a ser una gran nación, y por medio de él, las naciones y los pueblos de la Tierra son bendecidos. Somos descendientes de Abraham a través de la salvación en Jesucristo.

La primera directiva de Dios a Abraham fue la de ir a una tierra separada para él y para los propósitos del Señor. Dios quería que Abraham estuviera en el territorio que había establecido para él. Podemos aprender del padre de las naciones. Dios quiere que su Iglesia posea la tierra que ocupa y que se asocie con Él para recuperar lo que el enemigo robó en toda la Tierra. Me gusta el siguiente comentario de Watchman Nee en su libro *Transformados en su semejanza*:

> Todos los trabajos de Dios para Su pueblo están conectados con un terreno. Si fueron fieles, lo poseían; si no, lo perdían. Todos los enemigos se alejaban de esa tierra y ellos la ocupaban para Dios. "El terreno" es el pensamiento central del Antiguo Testamento. Dios quiere un terreno para los suyos. (...)
> Por ende, el terreno no es un fin en sí mismo; representa a la Tierra entera. Dios está pensando en términos amplios. "Dichosos los humildes –dice Jesús– porque recibirán la tierra como herencia". Esta Tierra nuestra, que regresará entera a Dios al final de esta era, está siendo recuperada ahora por los humildes. Así como en el Antiguo Testamento la tierra de Israel era una muestra de la reivindicación de Dios sobre la Tierra entera, las diferentes porciones donde Sus hijos se mantienen firmes por Él ahora son una muestra del derecho soberano de Él sobre toda la Tierra. Dios no solo quiere que nosotros prediquemos el Evangelio y que edifiquemos y construyamos Su Iglesia, sino que particularmente quiere que estemos en la Tierra para Él.[14]

Dios desea que su Iglesia esté en la Tierra y que camine en la autoridad que se nos concedió como sus hijos. Leamos estos versículos:

"Tú, Señor, eres mi porción y mi copa; eres tú quien ha afirmado mi suerte. Bellos lugares me han tocado en suerte; ¡preciosa herencia me ha correspondido!"

Salmo 16:5-6

"De un solo hombre hizo todas las naciones para que habitaran toda la tierra; y determinó los períodos de su historia y las fronteras de sus territorios".

Hechos 17:26

Dios estableció fronteras para nosotros. Y una de las muchas maneras de recuperar nuestros territorios perdidos es con la oración de guerra espiritual de nivel estratégico. Ustedes y yo no vivimos en nuestras ciudades por accidente. El Señor nos puso a cada uno de nosotros en un territorio; le asignó a cada uno una porción. Su plan para su Tierra permanece constante: Él desea que haya cambio en el territorio que habitamos, y que las almas perdidas se salven.

El Señor llama a algunos de nosotros a orar. Es momento de que aquellos que fuimos llamados a la oración de guerra espiritual de nivel estratégico sepamos dónde están nuestras fronteras y de que respondamos al llamado de una oración transformadora.

Exploremos lo esencial

1. Según George Otis Jr., ¿qué sucede cuando los individuos se entregan al gobierno de Satanás?
2. Nombre una situación en la cual discierna que Satanás tomó el control.
3. Debata sobre áreas en su vecindario o ciudad donde ocurrió una buena mayordomía de la tierra y otras donde hay una mala mayordomía. ¿Qué cree que haya causado eso?
4. Hable sobre un momento en el cual resistió efectivamente un ataque de Satanás.
5. ¿Se ha establecido en algún área de su vida la adoración a ídolos o la exaltación de la reina del cielo? Si la respuesta es

sí, ore y pídale al Señor que le perdone esta falsa adoración. Rompa las ataduras de la idolatría y de la adoración a la reina del cielo y denuncie, en el nombre de Jesucristo, el poder que esto tiene en su vida.

6. ¿Se ha establecido en algún área de su ciudad la idolatría o la exaltación a la reina del cielo? Si la respuesta es sí, ore y pídale al Señor que revele la maquinación del enemigo que lo causó. Dígale al Señor que desea ver que el plan de Satanás para su ciudad se destruya y que se establezca el plan de Dios.

7. Usted fue ubicado en su vecindario y en su ciudad. ¿Conoce el propósito del Señor para esto? Si no, pídale a Dios que le revele sus planes para usted en esta época de su vida.

3
✒️

La revelación de la misión

Después de leer los dos primeros capítulos, es posible que esté preguntándose: "¿Soy llamado a la guerra espiritual de nivel estratégico?". O quizá se pregunte: "¿Cómo sé qué territorio se me asignó?". Cuando buscamos al Señor, Él es fiel y nos revela su plan y las tareas a cada uno.

Respecto de la segunda pregunta, en este capítulo estudiaremos maneras en que Dios puede revelarle su territorio asignado. Respecto de la primera pregunta, permítame decir, antes de avanzar, que no todos son llamados a este nivel de guerra, y aquellos que son llamados no suelen ser llamados a todas las batallas.

Deuteronomio 20:5-8 delinea el hecho de que no todos deberían avanzar a la guerra:

> Luego los oficiales le dirán al ejército: "Si alguno de ustedes ha construido una casa nueva y no la ha estrenado, que vuelva a su casa, no sea que muera en batalla y otro la estrene. Y si alguno ha plantado una viña y no ha disfrutado de las uvas, que vuelva a su finca, no sea que muera en batalla y sea otro el que disfrute de ellas. Y si alguno se ha comprometido con una mujer y no se ha casado, que regrese a su pueblo, no sea que muera en batalla y sea otro el que se case con ella". Y añadirán los oficiales: "Si alguno de ustedes es miedoso o cobarde, que vuelva a su casa, no sea que desanime también a sus hermanos".

En Jueces 7:2-6, leemos que el ejército de Gedeón constaba de

AUTORIDAD PARA PISAR AL ENEMIGO

treinta y dos mil guerreros. Dios escogió solo a trescientos para que fueran a la guerra contra los madianitas.

Es muy importante que usted no entre en una guerra a la que no fue llamado. Pero puede asistir en el esfuerzo. El Señor puede asignarle, por ejemplo, que suministre una cobertura de oración intercesora para el equipo que está peleando la batalla. Este es uno de muchos "apoyos" cruciales para la intercesión estratégica exitosa. Al seguir la guía del Señor, ¡puede asegurarse de ser un socio integral en la procuración de la victoria de la batalla!

Algunas formas en que Dios puede hablarle

Recuerde que Dios nos hizo singulares y que nos habla de muchas maneras. No hay un patrón preestablecido. Aquí hay muchas maneras en las cuales el Señor puede hablarle para revelarle la misión estratégica que debe cumplir.

Oración

Como siempre, el mejor punto de partida es buscar al Señor por medio de la oración y pedirle que le revele la misión de oración. A medida que usted se acerque al Señor en la intercesión, Él revelará los planes que desea que usted lleve a cabo. Comience a preguntarle al Señor cuál es la misión que le asignó. Él puede revelar la tarea hablándole, por medio de una palabra de Las Escrituras o poniendo el conocimiento en su espíritu.

En un viaje anterior a España, por ejemplo, tuve una fuerte sensación de que el Señor me indicaba que llevara un equipo de guerra de regreso a esa nación. Unos meses después, mientras estaba intercediendo, el Señor me habló y me dijo que fuera a España en abril de 2004. Fui obediente al pedido del Señor y comencé a planificar el viaje.

Sueños

Al profundizar la relación con el Señor por medio de la intercesión, la revelación puede llegar en forma de sueños. Cuando nuestras mentes y nuestros cuerpos están quietos, Dios puede hablarnos. ¡Muchas veces debemos estar en un descanso completo para que el Señor se comunique claramente con nosotros!

Greg y yo vivíamos en Houston y estábamos en una época de grandes transiciones ministeriales. Al pedirle al Señor nuestra siguiente misión ministerial, Él comenzó a hablarle a nuestra hija mayor, Kendall, y a mí a través de sueños. Comencé a soñar con Colorado Springs y con el ministerio Global Harvest. Kendall comenzó a tener sueños de montañas cubiertas de nieve. Despertó una mañana y nos dijo a Greg y a mí que el siguiente lugar donde viviría nuestra familia sería en una ciudad ubicada en montañas cubiertas de nieve.

Poco después del anuncio de nuestra hija, tuvimos una oportunidad ministerial en otra ciudad en Texas. La respuesta de Kendall fue: "Esa ciudad no tiene montañas y nieve. Dios me dijo que habría montañas cubiertas de nieve". Al poco tiempo, recibimos una llamada de Peter y Doris Wagner del ministerio Global Harvest ubicado en Colorado Springs y le pidieron a mi esposo que fuera a trabajar para ellos. ¡Colorado Springs está ubicado al pie de las montañas Rocallosas! Sabíamos que debíamos aceptar este nuevo puesto porque Dios ya había hablado.

Es importante que usted sepa y comprenda el idioma de sus sueños porque Dios le hablará a través de él. También es imperativo que registre sus sueños en un diario. Cuando haya registrado un sueño, pregúntele al Señor lo que significa y qué quieren decir las situaciones y los símbolos en él. El Espíritu Santo comenzará a enseñarle sobre el lenguaje de sus sueños, y la comprensión de su vida de sueños crecerá y madurará. También le será posible discernir un sueño de sus propios patrones de pensamiento o del enemigo. Recuerde que Dios no es un Dios de confusión o de miedo. Si un sueño causa confusión o temor, seguramente no es de Dios.

Visiones

Esta es una revelación que el Señor trae visualmente, mientras estamos despiertos. Una visión abierta sucede cuando el Señor revela una realidad espiritual a nuestros ojos físicos. Podemos ver ángeles, demonios o algo como un edificio que aún no está construido en el mundo natural. Una visión cerrada es aquella que sucede en lo que yo llamo el ojo de la mente. Vemos el objeto en la mente.

La siguiente es una experiencia que tuve con una visión cerrada. Yo era colíder de un equipo de seis personas camino a Egipto. Antes de que el equipo partiera, Dios le reveló a uno de los intercesores que debíamos llevar siete prendedores de solapa con forma de llave. Seis eran para los miembros del equipo, y el séptimo, para el líder cristiano que recibiría al equipo en Egipto. El intercesor explicó que el Señor le revelaría a cada miembro del equipo dónde dejar su llave. Dejar la llave era un acto profético que demostraba que estaba abriendo una brecha espiritual en Egipto.

Una noche, mientras muchos de nosotros estábamos orando a altas horas de la madrugada, tuve una visión en el ojo de mi mente. En la visión, vi un edificio antiguo con tres pilares enormes en la entrada. Jamás había visto este edificio, pero le dije a la otra mujer en la habitación lo que el Señor había revelado. Escribí los detalles de la visión en mi cuaderno, pero en ese momento no comprendía lo que debía hacer con esta revelación.

A la mañana siguiente, fuimos a orar por la ciudad. Nuestra primera parada fue la pirámide más antigua de Egipto. Al atravesar la entrada, uno de los miembros del equipo enseguida reconoció que era el edificio de mi visión. Dirigió mi atención hacia la puerta de la entrada, ¡que consistía en tres pilares enormes! Obviamente, yo estaba muy emocionada. El equipo estuvo de acuerdo en que este era el lugar en el que yo debía entrar en oración de guerra espiritual y dejar mi llave. Este era mi territorio asignado.

Revelación profética

Muchas veces Dios depositará un mensaje en nuestro espíritu con una revelación específica y con una guía para nuestra misión de oración.

Dirigí un viaje de oración de nueve intercesores a Rusia y a

Ucrania. Durante la primera misión del equipo, comenzamos a alabar y a orar. A medida que nos acercábamos a la presencia del Señor, Él comenzó a hablarles a varios miembros del equipo. Escribimos sus palabras. Una de las instrucciones que Dios dio fue: "Hay un cementerio subterráneo dedicado a la reina del cielo. Esta es una ubicación clave donde se necesita oración en Ucrania. Deben orar allí".

Al investigar la zona, descubrimos el Monasterio de las Cuevas en Kiev, Ucrania. Se llama así porque alberga un cementerio subterráneo dedicado a María. Allí están enterrados los cuerpos de ciento veinte santos, sacerdotes, médicos y artistas, y mucha gente viene de todo Kiev para orarles y para adorarlos. Cuando intercedíamos en Kiev, este demostró ser uno de los lugares más estratégicos. Tuvimos momentos de oración muy poderosa en ese monasterio. El Apéndice D de este libro da el informe de este viaje de oración por Rusia y Ucrania. Todos los detalles sobre nuestra oración en este monasterio están incluidos en el informe.

Un fuerte deseo por el bienestar de su ciudad

Muchos intercesores sienten una profundidad de amor inusual por la ciudad o por el área en la que viven. Esta pasión, que fue impartida por Dios, no siempre está dirigida hacia el terreno físico; puede estar dirigida hacia los habitantes que están perdidos y atrapados en la oscuridad. Este deseo de que la gente logre salir de la oscuridad y de que el terreno se limpie es una herramienta poderosa para aquellos que son llamados a la guerra espiritual de nivel estratégico. De hecho, la razón por la cual nos involucramos en este nivel de guerra es para ver cómo aquellos que están perdidos y separados del amor de Jesucristo son liberados de las mentiras de Satanás y reciben salvación.

¿Está usted listo para la batalla?

¿Dios le dio una misión? ¿Le dijo que se uniera a una batalla? Entonces la pregunta que queda es: "¿Está usted listo?". Esta es una pregunta importante. Las Escrituras dicen:

Las armas con que luchamos no son del mundo, sino que tienen el poder divino para derribar fortalezas. Destruimos argumentos y toda altivez que se levanta contra el conocimiento de Dios, y llevamos cautivo todo pensamiento para que se someta a Cristo. **Y estamos dispuestos a castigar cualquier acto de desobediencia una vez que yo pueda contar con la completa obediencia de ustedes.**

2 Corintios 10:4-6, énfasis agregado

No se debe entrar a la ligera en la guerra de nivel estratégico. No olvide que, cuando ora en este nivel, está iniciando una guerra. Señalé el versículo 6 por la importante verdad que está diciendo. Como intercesores debemos caminar en obediencia y en santidad. He visto a muchos intercesores entrar a la oración de guerra antes de estar preparados espiritual, emocional o físicamente. Las consecuencias han sido graves; a veces un contragolpe del enemigo ha sido devastador. Cualquiera que está plagado de miedo o que participa de pecados como el adulterio, la pornografía, las mentiras, incluso la falta de perdón, no está listo para entrar a la oración de guerra. Se requiere un corazón puro en este nivel de intercesión. Si entramos en la batalla antes de vencer a los gigantes de nuestras propias vidas, entonces el enemigo neutralizará nuestros esfuerzos y contraatacará fuertemente. Peter Wagner explica este punto con efectividad en su libro *What the Bible Says about Spiritual Warfare* (Lo que la Biblia dice acerca de la guerra espiritual): "Solo la gente tonta o sin experiencia ingresa en la guerra espiritual sin santidad personal".[1]

No solo es imperativo que usted esté listo para la guerra, sino que es importante que su familia también lo esté. Su familia, como una unidad, debe prepararse para soportar el combate que implica la batalla. Para los casados, el apoyo y la oración de su cónyuge es esencial. La oración por los hijos es una necesidad. Antes de que yo entre a la batalla, con mi esposo Greg estamos en completo acuerdo en que debo avanzar con mi misión. Hubieron momentos en los cuales comencé con la oración de guerra, y él me indicó, rápida y sabiamente, que me detuviera. Él sabía que yo, por mi entusiasmo, estaba involucrándome en una batalla que no era mía. Por otro lado, me alentó a avanzar en momentos en los cuales yo dudé. Aprecio y respeto la cobertura que mi esposo me da cuando avanzo hacia la guerra.

Sé de muchos guerreros de oración poderosos que en este momento son solteros. Muchos de ellos tienen más libertad para viajar e interceder según el Señor lo indique porque no tienen muchas restricciones financieras y de tiempo que las parejas casadas tienen. Es esencial que estos intercesores permanezcan bajo la cobertura espiritual de sus pastores o líderes ministeriales, y que busquen la bendición y la confirmación antes de participar en el combate. Hablaré sobre la importancia de la cobertura espiritual en este capítulo.

No solo es importante la unidad familiar, sino que el tutelaje espiritual también es clave. Cuando comencé a responder al llamamiento de la liberación, de la intercesión y de la oración de guerra espiritual de nivel estratégico, no tenía entrenamiento alguno. Al asistir al grupo de estudio bíblico femenino en el que Alice Smith enseñaba, supe que mi llamamiento era aprender cuanto pudiera sobre la oración. Ella nos desafió diciendo: "Si quieren estar presentes en las líneas de fuego sabiendo que es su llamamiento, entréguense a alguien que esté en el liderazgo o a un intercesor diestro". Era como si este comentario hubiera sido hecho para mí. Luego de orar por ello por dos días, me acerqué a Alice y me entregué a su tutelaje y liderazgo. Jamás me arrepentí de haberlo hecho. Si usted es nuevo e inexperto, pídale a Dios que ponga un mentor en su vida. Entréguese al Espíritu Santo y a un líder, y permítale a Dios orquestar su crecimiento.

La confirmación de su misión

He descubierto que, a medida que el Señor comienza a delinear un nuevo plan de combate, también trae confirmación de la misión. Es esencial pedirle al Señor que confirme su misión antes de avanzar. Muchas veces, como intercesores, recibimos revelación de Dios y luego nos aventuramos a la oración de guerra sin antes recibir su confirmación o la estrategia de guerra. La confirmación puede venir en forma de palabras proféticas, de sueños, de versículos o de liberación y bendición de quienes tienen autoridad sobre nosotros.

Varios meses después de que lideré el viaje de oración que mencioné antes, otro equipo de intercesores y líderes planificaron interceder en ese país. Pidieron que les prestáramos nuestra investigación y el informe del viaje de oración. Con gusto se los leí. El Señor se había movido con mucho poder entre nosotros, incluso nos había puesto en contacto con líderes clave que nos permitieron orar en los lugares que Él le había asignado al equipo.

Los intercesores y los líderes que estaban preparándose para este otro viaje de oración no tenían experiencia en la oración de guerra espiritual de nivel estratégico. Por su entusiasmo y fervor, decidieron orar en los mismos lugares que nuestro equipo había visitado. Le dedicaron un día de oración al Monasterio de las Cuevas. Sin embargo, casi inmediatamente después, los miembros del equipo se enfermaron y no pudieron orar al día siguiente. Esta clase de ataque físico a un equipo es un indicador obvio de que el plan de oración es independiente y que no fue indicado por Dios.

Por ejemplo, llevé a nuestro equipo a las cuevas a orar el día de la Fiesta de los Huesos. Esta adoración a los muertos fue la actividad de lo oculto más poderosa que he visto hasta la actualidad. Era el día sagrado en el cual hombres, mujeres y niños ortodoxos de todo Kiev viajaban al monasterio a adorar y a besar los huesos de los muertos. Ellos creen que los huesos emitirán aceite sobrenaturalmente y que sanarán a cualquiera que sea testigo de este "milagro". Recuerde, el Señor nos dio palabra profética que nos indicó que debíamos orar en las cuevas. Ningún miembro del equipo se enfermó. Teníamos la autoridad para soportar la enfermedad y la muerte aferradas a las cuevas porque era una misión ordenada por Dios. No fue el caso del otro equipo.

Así que asegúrese de ser llamado a una misión antes de participar de la oración de guerra. Si este otro equipo me hubiera pedido consejo sobre orar en las cuevas, les habría dicho que buscaran la confirmación del Señor. Su entusiasmo por orar es loable, pero Dios debe dar la dirección y la autoridad.

Tuve el privilegio de ser parte del equipo intercesor de Operación Castillo de Hielo, un combate espiritual que se concentró en el Monte Everest en los Himalayas. Los nepaleses adoran esta montaña. De hecho, el nombre nepalés del Monte Everest es *Sagarmatha*, que significa "Madre del Universo". Es una fortaleza de adoración de la reina del cielo en Nepal y en todo el mundo. Nuestro equipo, liderado por Doris Wagner, oró en un hotel en las montañas, a cuatro mil metros de altura. Le dimos cobertura de oración a un equipo de intercesores que escaló hasta los seis mil metros del Monte Everest. Este equipo fue liderado por Ana Mendez, coordinadora de la Red de guerra espiritual para el sur de México.

Extendieron la invitación de unirse a este viaje de oración estratégica a los intercesores de la iglesia de Houston donde yo era coordinadora de oración, y yo sentí que el Señor me llamaba a esta misión. Comprendía el peso y costo espirituales de esta clase de viaje de guerra. Así que no le dije a nadie, ni siquiera a mi esposo, que sentía que el Señor me llamaba a aceptar la invitación. Le dije al Señor que Él tendría que darme confirmación por medio de mi esposo y de los pastores de la iglesia antes de que yo avanzara. Debía saber, sin duda alguna, que mi deseo de ir en este viaje de oración provenía de Dios.

Al llegar a casa esa noche, Greg me preguntó si respondería al llamamiento del Señor para este viaje. La siguiente mañana recibí dos llamados telefónicos. Uno era de otro intercesor de la iglesia que me hacía la misma pregunta. El siguiente llamado era de un pastor que también me hacía la misma pregunta. Esa era mi confirmación. Greg y yo oramos por cuarenta y ocho horas, y luego respondí a la invitación y comencé a prepararme para lo que acabó siendo un viaje de oración increíble y de peso. ¡Dios es fiel para confirmar sus llamamientos!

Cobertura espiritual de su pastor

Cuanto más nos movemos hacia misiones específicas, más vemos que la guerra espiritual es un asunto serio. Entregarse a quienes tienen autoridad espiritual sobre nosotros es indispensable antes de comenzar la guerra espiritual de nivel estratégico. Como parte del personal de los ministerios Global Harvest, les pido a Peter y a Doris Wagner y a Chuck Pierce que me den su bendición antes de ingresar en la oración de guerra estratégica. Cuando servía como coordinadora de oración en la Casa de Oración de Houston, Eddie y Alice Smith eran los pastores de la iglesia. Siempre pedía su cobertura y su bendición antes de actuar en este nivel de combate. Si quienes son mi cobertura espiritual no sienten que yo deba avanzar, no lo hago. Si me dan el visto bueno, insisto con alegría.

Los profetas y los intercesores autoproclamados no caminan bajo la guía del Espíritu Santo. He participado de equipos que incluían profetas o intercesores que no tenían cobertura espiritual. La frase usual que se oye de aquellos con problemas perjudiciales de autoridad es: "Yo respondo a Dios y no a los seres humanos". ¡Esta es una postura peligrosa y poco bíblica! En general suelen ser individuos con heridas profundas del pasado. Necesitan perdonar a quienes los hirieron y recibir liberación y sanidad del Señor. Estos individuos no son buenos compañeros de equipo porque suelen estar en contra de la autoridad del líder durante toda la misión de oración. Esto puede causar que la experiencia sea muy poco placentera para el resto del equipo. Sin mencionar que abre la puerta para que el enemigo libere un contraataque.

Si usted tiene problemas de autoridad perjudiciales, pídale a Dios que lo ayude. Él es el Dios de la sanidad y de la liberación. Entréguese a su pastor o a un equipo de liberación para que oren por usted. ¡Dios lo ama y desea liberarlo de las heridas del pasado!

Hay que preguntarle a Dios cuál es el mejor momento

Dios es un Dios oportuno. Nehemías puede enseñarnos una gran verdad acerca de avanzar según los tiempos de Dios:

Esa noche salí por la puerta del Valle hacia la fuente del Dragón y la puerta del Basurero. Inspeccioné las ruinas de la muralla de Jerusalén, y sus puertas consumidas por el fuego. Después me dirigí hacia la puerta de la Fuente y el estanque del Rey, pero no hallé por dónde pasar con mi cabalgadura. Así que, siendo aún de noche, subí por el arroyo mientras inspeccionaba la muralla. Finalmente regresé y entré por la puerta del Valle. Los gobernadores no supieron a dónde fui ni qué hice, porque hasta entonces no había dicho nada a ningún judío: ni a los sacerdotes, ni a los nobles, ni a los gobernadores ni a los que estaban trabajando en la obra.

Nehemías 2:13-16

Nehemías comprendía el llamado del Señor a restaurar los muros de Jerusalén. Había aceptado esta misión. Pero aun así, no decidió un día cabalgar hacia Jerusalén y anunciar la misión que el Señor le había dado. Cabalgó en secreto por la noche y observó la destrucción. Logró comprender la condición de las murallas y de las puertas antes de revelar la estrategia de restauración. Cuando liberó la visión del proyecto de reconstrucción a aquellos que estarían involucrados, la palabra estaba viva y activa. El pueblo de Jerusalén aceptó el llamado y se movilizó en unidad. Cuando el enemigo intentó frustrar la reconstrucción de la muralla, Nehemías y los judíos pudieron permanecer unidos. Eran impenetrables.

Como intercesores de combate debemos responder de la misma manera. Dios revelará la misión, pero podrían pasar semanas, meses o años antes de que sea el momento adecuado para avanzar. En 1 Crónicas 12:32 leemos que "(los hijos) *De Isacar: (...) Eran hombres expertos en el conocimiento de los tiempos, que sabían lo que Israel tenía que hacer"*. Nosotros también podemos caminar en una "unción como la de Isacar", o sea, comprendiendo y conociendo las temporadas en las que estamos y cómo orar de acuerdo con ellas. Cuando Dios comience a revelarle una misión de oración, pídale que le indique el momento correcto. Las Escrituras hablan de tiempo *chronos* y de tiempo *kairos*. El tiempo *chronos* es el tiempo en general. El tiempo *kairos* es un momento estratégico cuando algo debe realizarse. Avanzar al combate antes de conocer el momento adecuado es una puerta abierta para el enemigo. Aquí es donde nos necesitamos unos a otros. Si usted no está seguro, pregúnteles su opinión a su cónyuge, a su pastor, a su cobertura espiritual o a sus intercesores personales.

Conozco una intercesora que creía que Dios estaba llamándola a ministrar en una nación en particular. Recibió palabras de más de veinte intercesores y líderes que le advirtieron que no sentían que era el momento indicado para que avanzara. Ella decidió ignorar las alertas porque Dios "la había llamado" y preparó su viaje. Al poco tiempo de llegar, las autoridades descubrieron que estaba ingresando Biblias ilegalmente al país. Fue arrestada, aunque la liberaron enseguida. Al regresar a los Estados Unidos, abordó otro avión y regresó a ese país. Fue arrestada de inmediato. Puedo decir con gratitud que fue liberada, pero atravesó semanas de confusión y angustia por esta experiencia desafortunada.

Cuando Dios nos revela una misión, tenemos la responsabilidad de obtener su guía clara de cómo llevarla a cabo. Debemos avanzar en sabiduría y en obediencia. Mientras procedemos, investiguemos el concepto de la dinámica de grupo y la importancia que tiene en una iniciativa de oración de guerra exitosa.

Exploremos lo esencial

1. Describa un momento en el cual el Señor le reveló una tarea o una misión de oración. ¿Cómo le habló a usted el Señor?
2. Describa un momento cuando usted fue testigo del avance prematuro de una misión de oración. ¿Cuáles fueron los resultados?
3. No podemos avanzar a la batalla sin antes haber superado los problemas de desobediencia en nuestra propia vida. ¿Hay áreas en su vida que el Señor desea que usted trabaje? Ore y pídale al Señor que lo lleve a una temporada de victoria.
4. A medida que avanzamos en una misión de oración, el Señor confirmará la misión. Describa un momento cuando el

Señor le dio guía clara de cómo proceder en una misión. Pídale al Señor que avive la fe que esto liberó en su vida.

5. Recuerde la sabiduría que Nehemías demostró al esperar el tiempo *kairos* de Dios para desatar el plan para reconstruir la muralla. ¿Hubo alguna ocasión cuando usted sintió que avanzaba a una misión *fuera* del tiempo *kairos* de Dios? ¿Cuál fue el resultado?

6. Recuerde un momento en el cual avanzó *en* el tiempo *kairos* de Dios. ¿Cuál fue el resultado?

7. El Señor desea revelarle su misión y su estrategia de oración. Comience por pedirle que le revele su territorio. Dígale al Señor que usted recibe sus planes y sus misiones de oración de guerra.

4

Dinámica de grupo

Sería tonto que un solo soldado entrenado se enfrentara en batalla contra un ejército de cien hombres. Sin duda perdería la pelea. Así como un hombre no participaría de una guerra física sin la ayuda de nadie, la guerra espiritual de nivel estratégico también requiere de un ejército de intercesores. Es una guerra, y aquellos que avanzan a la batalla deben estar entrenados, entregados y preparados como un batallón calificado, movilizado y listo para enfrentar al enemigo.

La guerra espiritual de nivel estratégico requiere de muchas fases de preparación. Como lo dije en el capítulo anterior, la revelación de la misión, obviamente, debe suceder. Luego siguen la liberación y la bendición de nuestras familias y de nuestras coberturas espirituales. La experiencia me ha enseñado que el siguiente paso, el que discutiremos en este capítulo, es preparar un equipo. Si usted está avanzando como líder o "general" de una iniciativa de oración de guerra, es el responsable de enlistar a los intercesores que se asociarán con usted en la misión. Es importante invitar a participar solo a aquellos que están listos para orar a este nivel. Las siguientes son algunas sugerencias que lo ayudarán a formar una compañía de guerreros efectiva.

1. *Eleve en oración a quién debe invitar.* Busque al Señor y pregúntele quiénes son llamamos a la campaña.
2. *Invite a personas con quienes usted tenga historia.*

Esta es una instrucción valiosa. Una vez fui miembro de un equipo en el cual un individuo fue invitado a participar a último minuto. Esta persona no era conocida por ningún miembro del equipo; no había historia pasada o relación. No conocíamos la condición de madurez espiritual o emocional de esta persona. ¡Craso error! Enseguida nos dimos cuenta de las heridas espirituales profundas sin sanar que tenía –sin mencionar un espíritu fuertemente religioso que era orgulloso y crítico–. ¡Pasamos más tiempo combatiendo contra este individuo que batallando contra los principados que debíamos enfrentar!

3. *Invite a personas que estén listas para la batalla.* Como lo dije en el capítulo anterior, no podemos enfrentar a los gigantes de la tierra hasta que hayamos trabajado con los gigantes de nuestra propia vida.

4. *Forme un equipo compuesto de personas con dones espirituales diversos.* Esto hace que el equipo sea fuerte y mejora la efectividad de la oración.

5. *Incluya a un novato que esté listo para participar de la oración de guerra.* Creo firmemente en el discipulado y en el tutelaje. Siempre intento incluir en las iniciativas de oración un intercesor a quien el Señor esté formando y que desee recibir tutelaje. Muchas veces estos conscriptos son los mejores miembros del equipo. Están ansiosos por aprender y ávidos por presenciar cómo se mueve el Señor como resultado de la oración.

6. *Seleccione miembros del equipo con autoridad legal dada por la línea de sangre.* ¿Qué cosa? Un individuo con autoridad legal dada por su línea de sangre que sea descendiente de una persona responsable de la condición espiritual y de la atmósfera del territorio asignado. Aunque no es esencial tener a un individuo así en el equipo, él o ella tienen una gran cantidad de autoridad

y pueden resultar ser una herramienta poderosa cuando se ora por el terreno y por los problemas de sus antepasados. Aquí hay un ejemplo de esto.

Tuve el privilegio de ser colíder de varios equipos que oraban en ciudades clave del estado de Texas. Cualquiera que esté familiarizado con la historia del estado sabe que Stephen F. Austin es considerado "el padre de Texas". Es muy respetado en este estado. Si bien fue un hombre de grandeza, también estuvo involucrado en la francmasonería y estructuró los preceptos de Texas alrededor de las creencias de esta sociedad secreta. (En el capítulo cinco, hablaré de los problemas espirituales que rodean a la francmasonería).

Uno de los miembros de nuestro equipo era un descendiente directo de Stephen F. Austin. La conexión de su línea de sangre resultó ser un gran capital. Al viajar al lugar especificado para orar, fue como si dispusieran una alfombra roja para el equipo por la relación de este individuo con el padre de Texas.

En una ocasión, nos dejaron entrar al templo masónico más grande de Texas y a la biblioteca debajo de él. Esta biblioteca en particular contiene la historia completa de la francmasonería, que abarca desde sus comienzos en el antiguo Egipto hasta el rol que jugó la Logia Masónica en la formación del estado de Texas. Solo los masones tenían permiso para ingresar en este templo y en esta biblioteca. Y aun así, no solo nos permitieron ingresar, sino que nos dieron autorización para investigar los libros de la biblioteca y para hacer cuantas fotocopias quisimos. Incluso pudimos orar, aunque en secreto, en el auditorio donde sucedían los rituales que se centraban en alabanza a Isis y Osiris, los dioses egipcios. Esto no habría sido posible si ese intercesor no hubiera participado del equipo.

Hay otro beneficio de tener un miembro en el equipo que tenga autoridad legal dada por la línea de sangre. No solo se puede obtener acceso físico por medio de la autoridad de su línea de sangre, como sucedió en el ejemplo anterior, sino que también puede lograrse una victoria espiritual mayor en una zona particularmente maldita.

Nehemías 1:6-7 dice:

> Te suplico que me prestes atención, que fijes tus ojos en este siervo tuyo que día y noche ora en favor de tu pueblo Israel. **Confieso que los israelitas, entre los cuales estamos incluidos mi familia y yo, hemos pecado contra ti.** Te hemos ofendido y nos hemos corrompido mucho; hemos desobedecido los mandamientos, preceptos y decretos que tú mismo diste a tu siervo Moisés.
>
> Énfasis agregado

En este pasaje, Nehemías se arrepiente en nombre de los israelitas, de sí mismo y de sus antepasados. Se hace responsable de las prácticas corruptas de las generaciones pasadas. Esta acción se denomina *arrepentimiento por identificación*. Un individuo con la autoridad legal por medio de la línea de sangre tiene el derecho legítimo de arrepentirse por los pecados de sus antepasados y de acabar con cualquier profanación o maldición que tenga el terreno. Esta es una herramienta potente en la oración de guerra estratégica.

7. *Tenga cuidado con las personalidades controladoras.* Las personas que creen que su manera de hacer las cosas es la única manera correcta pueden intentar controlar el equipo. Estos cristianos tampoco suelen tener aliados en su forma de pensar en otros aspectos de la fe. Esto no significa que las personas que tienden a ser controladoras no pueden ser invitadas a participar del equipo; el ingrediente necesario en una invitación es sumisión al líder del equipo. Use su   y también busque el consejo de pastores, ancianos o de otros líderes sobre cualquier persona a la cual usted esté considerando. Recuerde que esta información es confidencial y solo sirve para sus oraciones.

8. *Escoja a personas con mentalidad y actitud perseverantes.* En casos como los de los viajes internacionales de oración, los integrantes del equipo estarán juntos por muchos días. La guerra puede ser intensa. Habrá momentos en los cuales

el enemigo intentará desplegar un contraataque contra los miembros individualmente y como equipo. Es importante que los intercesores tengan la madurez necesaria para poder manejar las diferencias de personalidades, y los entornos y las situaciones incómodas sin quejarse.

9. *Asegure un equipo antes de avanzar.* Cuando invite a intercesores a unirse al equipo, fije una fecha límite para la respuesta definitiva. Me ha sucedido que algunos intercesores desistieron cuando no se determinó una fecha tope para responder. Esto carga al equipo y al líder con un estrés y una incertidumbre innecesarios cuando se están realizando preparativos para viajar. Es útil tener asegurados a los miembros del equipo a medida que se avanza.

10. *Obtenga recomendaciones por escrito de pastores y de líderes.* Para asegurar que todos los miembros del equipo están avanzando bajo la bendición de su cobertura espiritual, pídales que obtengan recomendaciones escritas de un líder espiritual o pastor.

11. *Inicie momentos de oración.* Ahora que el equipo está formado, comience a tener momentos de oración con el grupo. Si uno de los miembros no es de la zona, reúna al resto de los intercesores e incluya al individuo usando un teléfono con altoparlante. Otra idea es hacer cintas de video o de audio de las reuniones y enviarles copias a los miembros que están lejos.

12. *Prepare intercesores para los miembros del equipo.* En este momento, yo le pido a cada miembro que consiga al menos cinco intercesores que acepten cubrir al equipo durante la etapa de investigación y preparación, durante el viaje de oración y un mes después del viaje. ¡Esto es clave! Estos guerreros de la oración le darán al equipo la cobertura necesaria para esta clase de iniciativa.

13. *Esfuércese por conseguir unidad.* "¡Cuán bueno y cuán agradable es que los hermanos convivan en armonía!" (Salmo

133:1). El enemigo comprende que, si el equipo de intercesores no avanza unido, sus oraciones de guerra no serán efectivas. Por ende, Satanás y sus cómplices harán lo posible por causar desorden. Los comportamientos como la competencia, los celos, la rebelión contra la autoridad, la contienda, la división y la acusación comenzarán a salir a la luz entre los miembros del equipo. Es muy probable que haya contraataques cuando los intercesores inician la guerra espiritual de nivel estratégico.

Sin embargo, la unidad puede lograrse y mantenerse. En la primera reunión del equipo, el líder del grupo debe explicar los ardides del enemigo y la importancia de la armonía entre los miembros del equipo. Una vez que esto se haya conversado, cada miembro debe determinar que caminará de acuerdo con el líder del equipo y los demás miembros. Cuando se entrena un equipo, y el líder expresa conocimiento y sabiduría, es posible dar respuestas correctas a las situaciones intensas. Un pacto de equipo firmado por todos los miembros establece un gran nivel de responsabilidad y sella el compromiso de la unidad. Incluí una copia de un pacto de equipo en el Apéndice B.

14. *Crezca por medio de la alabanza.* Estos versículos lo explican bellamente:

> Que el Dios que infunde aliento y perseverancia les conceda vivir juntos en armonía, conforme al ejemplo de Cristo Jesús, para que con un solo corazón y a una sola voz glorifiquen al Dios y Padre de nuestro Señor Jesucristo.
>
> Romanos 15:5-6

A medida que el equipo comienza a orar y a alabar al Señor en unidad, algo increíble empieza a suceder. Cuando alaban en conjunto y entran colectivamente al lugar santísimo, los corazones, las mentes y los espíritus están muy unidos. Como Chuck Pierce y John Dickson escriben en su libro *El guerrero adorador*: "La alabanza hace que experimentemos el amor del Padre".[1] Me gusta mucho este enunciado. Es en el lugar secreto de la alabanza donde se desarrolla el amor por el Padre y por el prójimo. Este amor es el que permite que el equipo se mueva como unidad. Esto crea un ejército formidable que el enemigo no podrá devastar.

Por medio de la alabanza, ocurren dos acciones complementarias que son vitales para el trabajo de equipo exitoso: el equipo está edificado en fe y el Señor derrama sabiduría revelada. Cuanto más asciende un equipo a las regiones celestiales por medio de la oración y de la alabanza, más fluye esta sucesión de fe creciente y de revelación divina. Chuck Pierce y John Dickson explican esta emanación de fe y de revelación por medio de la alabanza:

> Hay una progresión de fe que viene, creo yo, cuando alabamos. Cuanto más ascendemos, mayor emanación de fe ingresa a nuestro hombre espiritual. Hay un problema, o una carga o un proyecto por el cual estamos orando. Alabamos y obtenemos una pieza del rompecabezas. Dios nos habla cuando estamos alabando. Con su voz atravesamos la siguiente temporada y entonces ganamos nuevo terreno. Cuanto más alabamos, más revelación recibimos. Con esta revelación peleamos. Leemos en 1 Timoteo 1:18: "... tengo en cuenta las profecías que antes se hicieron acerca de ti. Deseo que, apoyado en ellas, pelees la buena batalla". Obtenemos revelación. Cuando peleamos, obtenemos más revelación. Cuando peleamos, en algún momento vemos el proyecto o el edificio completado. Yo llamo a esto una fe como la de Nehemías.[2]

Cuando el equipo alaba, Dios revela estrategias para la batalla venidera. Este es un complemento natural para el próximo paso de nuestro estudio: cada revelación confirmará los hechos develados en la investigación. Ahora que comprende los principios de reunir y preparar a los miembros del equipo, veamos por qué es tan importante llevar a cabo un estudio histórico de su objetivo.

Exploremos lo esencial

1. ¿Qué cosas requiere la guerra espiritual de nivel estratégico?
2. Describa un momento cuando estuvo involucrado en un esfuerzo de oración con una compañía de guerreros efectiva. ¿Qué hacía que "funcionara"?
3. ¿Qué cosas en su línea familiar podrían requerir de arrepentimiento por identificación?
4. ¿Ha estado en una situación que requirió de mentalidad y actitud perseverantes? ¿Cómo lo ayudó el Señor a atravesar ese momento? ¿Cuál fue el resultado?
5. ¿Qué puede hacer el líder de equipo para lograr la unidad entre los miembros?
6. ¿Alguna vez experimentó un momento cuando el Señor le reveló una estrategia o abrió brechas en su vida como resultado de la alabanza? Pídale al Señor que lo guíe al lugar santísimo para poder experimentar nuevas profundidades de la alabanza.
7. Si está involucrado en un grupo de oración intercesora, ¿qué misión territorial le está dando Dios al grupo?

5

EXPONGA VERDADES OCULTAS

A veces oigo a algunos intercesores comentar que, en lugar de investigar un área antes de una campaña de combate espiritual, viajan al lugar, "sienten el terreno" y le piden a Dios que les dé revelación profética acerca de las maquinaciones del enemigo. Dios es muy capaz de revelar asuntos acerca del territorio mientras oramos en él y suele hacerlo. Sin embargo, yo cuestiono nuestra habilidad de discernir en el lugar la completa amplitud de la profanación de Satanás. Más de una vez, así como con la brecha abierta en Santa María la Mayor, los milagros suceden porque los equipos de oración ya conocen las fortalezas que enfrentarán. Cuando se hace una correcta investigación, los equipos de oración logran comenzar a trabajar efectivamente de inmediato.

En su libro *Taking Possesion of the Land* (Tomar posesión del terreno), Cindy Tosto explica:

> En todo el viaje de los israelitas a la Tierra Prometida, el Señor les indicó a sus líderes que enviaran espías a las tierras a las que estaban preparándose a atacar y dominar (Vea Deuteronomio 1:21-23, Números 13:3, Josué 2:1 y Josué 18:8). Estos espías iban a la tierra a ver el diseño del terreno. Iban a ver qué provisiones estaban disponibles. También iban a observar los ejércitos a los cuales se enfrentarían. Siempre es una buena idea conocer las fortalezas y las debilidades del enemigo. La información que obtenían los espías era usada para decidir sobre el siguiente paso a dar para tomar posesión de la Tierra Prometida.[1]

Recolección de información

A medida que su equipo investiga datos históricos sobre el territorio asignado, se expondrán muchas maquinaciones del enemigo. Gradualmente, los asuntos que requieran de oración de guerra se volverán evidentes. Ser testigo del desdoblamiento de los planes secretos del enemigo para los territorios es un proceso emocionante y asombroso. Dios siempre es fiel y guía al equipo de oración hacia el libro correcto, el artículo correcto, el dato correcto. Al ir descubriendo verdades ocultas, se abren las puertas de la oscuridad y se facilita la apertura de brechas espirituales mayores al ingresar a la oración de guerra.

A continuación veremos sugerencias de cómo avanzar en las investigaciones. Quizá quiera dividir los temas entre los miembros del equipo para que este proyecto sea más sencillo. Aquí hay algunas claves de estudio.

Historia de la fundación: es importante remontarse a lo más antiguo posible de la historia de la región. ¿Cuál es la información conocida más antigua sobre la región que estamos estudiando? ¿La historia de la fundación fue pacífica o agresiva? ¿Hubo derramamiento de sangre? ¿Pactos rotos?

Pueblos originarios: ¿qué pueblos originarios pelearon en la zona o se asentaron en ella? ¿Qué los trajo a estas áreas en especial? ¿Cuáles eran sus creencias y sus prácticas religiosas?

Líderes históricos clave: ¿quién tuvo la mayor influencia al tomar las decisiones clave? ¿Cuáles eran las prácticas políticas y religiosas de esos líderes? ¿Se abrió una puerta de maldad sobre esa área por causa de dichas creencias?

Construcciones históricas: ¿qué lugares de la ciudad han tenido significado para las personas y para la tierra desde siempre? ¿Cuál fue la motivación para construir las edificaciones más importantes? ¿Cuáles son los eventos históricos clave que ocurrieron en esas construcciones?

Historia religiosa: ¿las prácticas espirituales eran paganas o idólatras? Si lo eran, ¿a qué dioses o diosas adoraban? ¿Sigue practicándose la adoración a dichos dioses? ¿Cómo se adaptó esta adoración pagana a la adoración pagana de la actualidad? Los templos activos de adoración pagana a dioses falsos pueden incluir la adoración a la reina del cielo, a Alá, a Buda, a Satanás, a los dioses del hinduismo y del taoísmo.

Sociedades secretas: ¿alguna sociedad secreta estuvo involucrada en la fundación de la región? ¿Cuáles eran los distintivos de dichas sociedades? ¿Qué influencias tienen esas sociedades en la actualidad?

Ejemplos de investigación

Ahora que comprendemos las áreas clave de la investigación, quisiera compartir dos ejemplos que exhiben la clase de datos históricos que debemos buscar. Durante este proceso, recuerde mantenerse abierto a la guía del Señor. Pídale discernimiento, sabiduría y revelación.

El primer ejemplo muestra cómo la historia religiosa, que en este caso incluye a un líder clave, le dará información valiosa. Como lo dije en otros capítulos, dirigí un equipo de intercesores a Rusia y a Ucrania en septiembre de 2001. En nuestra investigación, descubrimos que Vladimir era una influencia poderosa en la historia y en la formación de Rusia. Los libros de historia tradicionales dicen que fue responsable de la cristianización de toda Rusia, introduciendo la ortodoxia al pueblo. Nuestra investigación comenzó a develar una historia diferente.

Descubrimos que Rus, el nombre de la provincia rusa durante el reinado del rey Vladimir, estaba en agitación y disputas constantes contra Constantinopla. El malestar entre ellos era empeorado por el deseo de ganar más territorio. Para poder establecer la paz, Vladimir se casó con una princesa bizantina, la hija del rey de Constantinopla. El rey aceptaría la unión solo si Vladimir se convertía a la Iglesia griega ortodoxa. Vladimir aceptó. Se bautizó y se casó con la princesa.

Cuando regresaron a Rus, Vladimir obligó a todos los habitantes a bautizarse como ortodoxos. Mientras que en la superficie esto parece ser algo positivo, descubrimos que no tenía nada que ver con la difusión del evangelio de Jesucristo.

Rus era pagana en ese entonces. Los ciudadanos adoraban a dioses paganos en los numerosos santuarios y templos dedicados a ellos. De hecho, Vladimir había sido responsable de perpetuar la adoración a estos dioses demoníacos. Cuando introdujo la ortodoxia, fue recibido con resistencia. La gente no tenía deseos de aceptar esta religión nueva y desconocida. Querían continuar adorando a Volos, a Perun y a Mokosha.

En respuesta, Vladimir comenzó una temporada de bautismos forzados en Nóvgorod, la ciudad más antigua de Rusia. Se enviaron tropas armadas a la ciudad con orden de bautizar a los ciudadanos, convirtiéndolos a la Iglesia griega ortodoxa. Las tropas tenían instrucciones de violar mujeres, quemar casas y matar a cualquiera que se negara a ser bautizado.

El Volga es un río que fluye por el centro de Nóvgorod. Tiene casi un kilómetro de ancho. Los cuerpos asesinados de quienes se negaban a ser bautizados fueron arrojados al Volga. La historia informa que el río estaba tan lleno de cadáveres que era posible cruzarlo sin tocar el agua.

Esta acción abrió una puerta enorme al espíritu de la muerte y del miedo sobre la ciudad de Nóvgorod que se perpetuó a lo largo de los años. Desde ese momento, tres líderes más, incluido Hitler, purgaron la ciudad de los ciudadanos que no se sometían a su control. Al terminar la Segunda Guerra Mundial, solo quedaban cuarenta y dos ciudadanos. Los nazis habían matado a todos los demás.

Conocer las verdades sobre Vladimir y sobre las muertes que ocurrieron en Nóvgorod equipó al grupo para orar efectivamente. Pudimos lidiar con los espíritus de la muerte y del miedo que atormentaban a la ciudad. Oramos sobre el río Volga y lo ungimos con aceite para limpiarlo de la profanación de sangre inocente. Nuestras oraciones estaban enfocadas, y su propósito era dar en el blanco.

El otro ejemplo que quiero dar involucra la investigación de las sociedades secretas. No exagero al decir que una sociedad secreta en particular sobresale de las demás en esta clase de investigación, por lo predominante de su influencia. Esta es la francmasonería. Muchas ciudades y regiones alrededor del mundo fueron fundadas por masones y moldeadas según sus creencias. Esto fue hecho intencionalmente con el fin de reclamar el territorio. Como resultado, la adoración idólatra de los dioses paganos Isis y Osiris se perpetúa en esas regiones. Estos principados demoníacos luego reclaman los territorios. En regiones influenciadas por la francmasonería, los espíritus de la muerte, del orgullo, del Anticristo, de la religión y de la brujería suelen ser muy fuertes.

La francmasonería tiene sus raíces en el Egipto pagano. En su libro *Free from Freemasonry* (Libres de la francmasonería), Ron Campbell cita *The Illustrated History of Freemasonry* (La historia ilustrada de la francmasonería) de Moses Redding:

> Egipto siempre fue la cuna de los misterios. Fue allí donde se establecieron por primera vez las ceremonias de iniciación. Fue allí donde la verdad fue cubierta por la alegoría y donde los dogmas de la religión fueron impartidos bajo formas simbólicas por primera vez.[2]

Muchos de los símbolos usados en los rituales de iniciación de la francmasonería están centrados alrededor de las prácticas paganas que involucran a Osiris y a Isis. Como resultado, aquellos que participan están involucrados en la adoración idólatra. En el capítulo cuatro, hablé acerca de mi ingreso al templo masónico más grande de Texas.

En el santuario, colgaba una cortina negra desde el cielorraso hasta el suelo. Detrás de esta cortina, había una pintura de Isis y de Osiris, y del ojo que todo lo ve. Estas imágenes estaban pintadas en el santuario para reconocer los poderes detrás de la francmasonería. Incluso aunque los miembros de esta sociedad no reconozcan el significado del mural, el poder demoníaco es liberado al homenajear al dios y a la diosa durante los rituales masónicos y las ceremonias de iniciación. En otras palabras, esto es adorar a Isis y a Osiris.

La francmasonería también permite que sus miembros adoren al dios que elijan. Cuando se lleva a cabo la iniciación, el iniciado pone en el altar un libro religioso de su elección. Por ejemplo, si el iniciado es cristiano, se pone una Biblia en el altar. Si el iniciado es musulmán, se usa el Corán.

Es trágico que tantos sean engañados por las buenas obras que hace esta organización. Las creencias y las prácticas originales de esta orden social permanecen ocultas. Por ende, estén alertas. Como lo mencioné en el capítulo uno, la francmasonería comprende el segundo nivel de guerra, el nivel de lo oculto.

Consejos de investigación finales

Su equipo encontrará que las bibliotecas, las librerías, Internet y los mapas serán buenas herramientas de estudio. A medida que comiencen a recabar información, recomiendo que los miembros del equipo se reúnan con el único propósito de debatir sus investigaciones. Esto suele generar más ideas de estudio. Y asegúrense de establecer fechas tope en que ciertos temas deban completarse.

A medida que el equipo investigue un territorio en particular, comenzarán a salir a la luz ciertos patrones. Luego se formarán estrategias cuando el plan del enemigo para ese territorio comience a quedar a la vista. Es como si el Señor comenzara a trazar un plano para el viaje de oración. Es una etapa realmente emocionante.

Una vez que logren estas áreas de investigación básicas, su equipo estará listo para comenzar a armar las piezas del rompecabezas de la investigación gracias al proceso llamado mapeo espiritual. Este es el tema del próximo capítulo.

Exploremos lo esencial

1. ¿Cuáles fueron los pueblos originarios de su ciudad? ¿En qué creían? ¿Cómo y a quién adoraban?
2. ¿Cuáles son los asuntos históricos importantes de su ciudad?
3. ¿Quiénes fueron los padres fundadores de su ciudad o estado, y cuáles eran sus creencias religiosas?
4. ¿Hay templos paganos en su ciudad? ¿Dónde están ubicados?
5. ¿Cuántos templos masónicos cree que hay en su ciudad?
6. ¿Ha estado usted involucrado en la francmasonería? ¿Algún miembro o ancestro de su familia –en especial los padres fundadores de su ciudad o estado– estuvo involucrado en la francmasonería? Si lo estuvo, arrepiéntase por su participación y renuncie a todas las asociaciones con la adoración a Isis y Osiris. Destruya o deshágase de todos los artículos que estén relacionados con la francmasonería.

6

HAGA UN MAPEO ESPIRITUAL

La guerra espiritual y el mapeo espiritual trabajan juntos como equipo. De hecho, es muy posible que la oración de guerra espiritual sea menos efectiva sin la herramienta indispensable del mapeo espiritual. George Otis Jr. lo explica así:

> Por fortuna, Dios no nos dejó luchar a ciegas. La inteligencia significativa en nuestras comunidades se obtiene fácilmente por medio del mapeo espiritual. A medida que absorbemos los beneficios de esta investigación guiada por el Espíritu, se vuelve más fácil abandonar nuestro enfoque primitivo de "atinar y errar" hacia la guerra espiritual (a veces llamado "el método piñata"). Las perspectivas y el entendimiento frescos nos liberan a una acción económica y efectiva.[1]

Sí, Dios puede sin duda ordenar la apertura de brechas en las regiones cuando oramos, pero es la intercesión informada –conocer los hechos y las revelaciones necesarios como base de nuestras oraciones– lo que permite una transformación más efectiva. Gary Kinnaman escribe: "La ortodoxia es necesaria, pero no es suficiente. Si es cierto que nuestra pelea no es contra sangre y carne, entonces necesitamos perspectivas espirituales y poder propio para ganar la batalla".[2]

El *mapeo espiritual* se define como la práctica de identificar las condiciones espirituales que trabajan en una comunidad, ciudad o nación específica. Hemos aprendido la importancia de recolectar información objetiva (hechos históricos) y de estar abiertos a las impresiones espirituales (profecías, revelaciones, palabras de conocimiento, sueños y visiones). Cuando el intercesor reúne toda esta información en oración, puede dibujar un mapa que identifica las puertas abiertas entre el mundo espiritual y el material.[3] Como veremos más adelante, estas puertas abiertas determinan nuestras respuestas cuando ingresamos al combate.

En otras palabras, el mapeo espiritual saca conclusiones vitales de los hechos históricos y de las perspectivas guiadas por el Espíritu que se reunieron; la guerra espiritual es la misión intercesora que se basa en estas conclusiones.

Antes de seguir adelante, quiero remarcar que Dios no nos llama al mapeo y a la guerra espirituales para que podamos flexionar nuestros músculos espirituales. George Otis Jr. explica el propósito principal para este mapeo y para la guerra subsiguiente: "La necesidad del mapeo espiritual está enraizada en su propósito. Es difícil que sucedan conversiones a gran escala a menos que discernamos la naturaleza y el origen de los obstáculos ante el avivamiento y que recibamos las estrategias que Dios nos prescribe para sus remociones".[4] La buena noticia es que las maquinaciones de Satanás no tendrán éxito. Las Escrituras dicen que *"... el que está en ustedes es más poderoso que el que está en el mundo"* (1 Juan 4:4). Dios les dio a los creyentes el poder de evangelizar por medio de la oración de guerra.

El resultado deseado de la guerra espiritual es librar a la tierra y salvar a aquellos que se encuentran atados a la oscuridad por los espíritus territoriales. Oramos para liberar a aquellos que están sujetos por las religiones falsas, el satanismo, las religiones místicas, la francmasonería, la Estrella de Oriente, el islam, la brujería, la Wicca, el *New Age*, el ateísmo, etc. ¡Este deseo del corazón es un requisito esencial para los intercesores que quieren ingresar en la oración de guerra espiritual de nivel estratégico!

Cómo dar en el blanco

En los últimos años, fui testigo del entusiasmo, la pasión y el fervor que causa en otros y en mí la oración que proviene como resultado del mapeo. Sin duda, cualquier reunión de oración ungida donde el Señor habla y se mueve es una experiencia maravillosa. ¡Pero es asombroso saber que, gracias al mapeo espiritual, nuestras oraciones apuntan adonde deben y que dan en el blanco! Creo que ese es el significado profundo de Santiago 5:16: *"La oración del justo es poderosa y eficaz"*. Para orar eficazmente, debemos orar con precisión.

Tengo tres hijas hermosas, Kendall, Rebecca y Katie. Todas conocen mi voz "calma" y mi voz de "estás en problemas". Si alguna de ellas desobedece o está en peligro, y debo llamar su atención rápido, la llamaré por su nombre con autoridad. Si digo el nombre equivocado, con autoridad o sin ella, mi hija tendría razón en no responder.

Lo mismo sucede en la verdadera oración de guerra espiritual. Si conocemos los nombres de los dioses, las diosas y los espíritus territoriales que habitan sobre la región en la que luchamos, le agregaremos fuerza, exactitud y autoridad a nuestras oraciones. Si el espíritu que se encuentra en una región es un espíritu de Anticristo, pero yo lo llamo espíritu de brujería, no di en el blanco. Esta oración no tendrá autoridad. El espíritu territorial sabe que no oré con exactitud y puede continuar en su posición. Por eso me apasiona el proceso del mapeo espiritual. Nos permite exponer las maquinaciones de Satanás y de sus cómplices, orar con sabiduría y devastar las fortalezas demoníacas que hay sobre una región.

Determinemos los puntos clave

Ahora que comprendemos la importancia del mapeo espiritual, o sea, reunir toda la investigación física y las perspectivas espirituales para tener una visión clara de una zona en particular, sigamos hacia el siguiente paso: determinemos en qué asuntos debemos concentrarnos en la oración de guerra.

Una trampa en la que caen los intercesores de la guerra espiritual de nivel estratégico es la oración sintomática. En otras palabras, se concentran en los problemas evidentes de una zona en particular, pero nunca trabajan sobre la causa de esos problemas. Los intercesores deben conocer la diferencia entre el sometimiento vigente y el sometimiento de raíz.

El *sometimiento vigente* es la recurrencia sistemática a lo largo del tiempo de los síntomas espirituales que indican un sometimiento de raíz mucho más profunda. El *sometimiento de raíz* es el pecado original que se cometió contra el terreno. *Durante la investigación, el mapeo y la oración, el foco principal debe estar puesto en exponer el sometimiento de raíz.* Permítame darle un ejemplo de estas dos clases de sometimiento.

Los indios utes son uno de los pueblos originarios del estado de Colorado. Una gran población de utes se ubicaba donde ahora está Colorado Springs. Este pueblo era conocido por ser valiente y guerrero, y muy difícil de matar. También estuvieron involucrados en las guerras indígenas que se pelearon en esa área. Cuando esta tribu india debía moverse con rapidez ante el peligro, dejaban a los miembros viejos y decrépitos atrás para que murieran solos.

En el año 1848, se firmó el primer tratado entre el gobierno de los Estados Unidos y los indios. El tratado incluía tierras de Colorado que les pertenecían a los utes; los blancos rompieron el pacto. En los diez años siguientes, se firmaron y se rompieron otros tres tratados con los utes. Antes de saber qué había ocurrido, los utes habían cedido sus mejores tierras a los blancos.

Al poco tiempo de mudarnos a Colorado Springs, oímos una de las frases más pronunciadas por los habitantes del lugar: "Me siento muy aislado. Es difícil desarrollar relaciones aquí". También oí a un pastor local decir que la tasa de divorcios en Colorado Springs asciende a setenta por ciento. Ahora que conoce la historia del pueblo originario del lugar y los tratados rotos, ¿logra ver la puerta abierta? El *sometimiento de raíz* puede ser rastreado a la práctica de los indios utes de abandonar a sus ancianos para morir solos y a los pactos rotos por el hombre blanco. Los sentimientos de aislamiento y la alta tasa de divorcios son los asuntos sintomáticos resultantes o el *sometimiento vigente*.

Esta es una lista de sometimientos de raíz que tienen efectos poderosos sobre la tierra y sobre su gente.

Guerra

Trauma: el enemigo se aprovechará de la puerta abierta por un trauma que desarrolló mucha devastación o dolor, y establecerá una fortaleza. Un buen ejemplo de esto es un lugar donde, recurrentemente, se suceden accidentes automovilísticos mortales. Un espíritu de muerte opera en esa zona. También, si un individuo se ve involucrado en un accidente trágico muchas veces, un espíritu de miedo o de muerte se adherirá a él.

Derramamiento de sangre, en especial el derramamiento de la sangre de los inocentes o de los justos.

Ultrajes al terreno: esto se define como abuso maligno o demoníaco, o violación del terreno por Satanás con el propósito de ganar más territorio. Esto incluye el uso incorrecto de la tierra para la adoración satánica y los altares, la alabanza a lo oculto y los altares, los altares erigidos para dioses y diosas, el derramamiento de sangre, la codicia, el racismo, la bestialidad, etc. El enemigo usará estos medios para profanar la tierra que pertenece al Señor en un intento por reclamarla como propia. Muchas veces los grupos *New Age*, los adoradores de Satanás y los masones (por nombrar unos pocos) dejarán cápsulas del tiempo y piedras de adoración en la tierra, para reclamarla para su propósito.

Pactos hechos con la oscuridad: este es un contrato o voto hecho con un ser demoníaco. Esto puede haber sido establecido por un líder histórico clave, por un pueblo o un grupo de personas involucradas en una forma de adoración falsa. Este contrato sirve como puerta abierta de autoridad para que esta entidad perpetúe su influencia sobre el terreno y sus habitantes.

Adoración demoníaca

Pactos rotos

Liderazgo político/gubernamental engañoso

Creencias y prácticas paganas antiguas

Adulterio/inmoralidad sexual

Prácticas de lo oculto

Brujería

Fortalezas de la francmasonería

Templos de adoración idólatra activa, como los templos y las fortalezas islámicos y los templos budistas

Sitios de apariciones: en muchos lugares del mundo, ocurrieron apariciones sobrenaturales de María. Solo son manifestaciones demoníacas de la reina del cielo. Estas apariciones no acercan a la gente a Jesús, sino que promueven la alabanza y la adoración a María.

Adoración a la reina del cielo y sus adaptaciones: Diana (romana); Artemis (griega); Cibeles (anatolia –o sea, turca– y romana); Lilith (judía); Sofía (griega y rusa); la Dama de azul (texana).

¿Geometría y guerra?

¿Qué pueden tener en común la geometría con el mapeo espiritual y la guerra espiritual de nivel estratégico? Bastante. La palabra *geometría* tiene su raíz en la palabra griega *geometria*, que significa "medir la tierra".[5] Los diccionarios antiguos explican el propósito fundamental de la geometría como el arte de medir la tierra o cualquier distancia o dimensión sobre ella.[6] Se logran estas mediciones por medio de puntos, líneas y planos.

Un punto es un elemento de la geometría que tiene una posición definida. Una línea es el trayecto de un punto en movimiento. Tiene largo pero no ancho, ya sea recta o curva. Un plano es una superficie. Un plano solo puede realizarse cuando dos o más de sus puntos se conectan por medio de líneas, lo cual forma muchas figuras geométricas diferentes.

El mapeo espiritual revela diseños geométricos de origen y

ocupación demoníaca. En particular, la percepción del diseño conocida como líneas ley es un componente importante del mapeo espiritual. Quebrar líneas ley es un arma efectiva al ingresar a la oración de guerra espiritual.

El individuo a quien se le acredita la teoría de las líneas ley es el fotógrafo inglés Alfred Watkins.

> Misterios de la Tierra es un tema vivo. No es simplemente un estudio de cosas del pasado. Esencialmente, Misterios de la Tierra trata sobre nuestra relación con la tierra y cómo interactuamos con el paisaje y con el *genius loci* (el espíritu de un lugar). Algo primordial al tema es el concepto de las "leys", que fueron "redescubiertas" en 1921 por el anticuario y fotógrafo pionero de Hereford, Alfred Watkins. Un día, mientras cabalgaba, el paisaje que lo rodeaba de pronto se volvió "vivo" como una inundación de memoria ancestral.[7]

El Sr. Watkins descubrió que varios sitios prehistóricos, como monolitos, montículos mortuorios de tierra y otros lugares similares, marcaban líneas rectas por kilómetros a lo largo de la campiña. Como resultado, pasó varios años investigando dichas alineaciones en tierra y en mapas.

El *Encarta World Dictionary* (Diccionario Mundial Encarta) define a las líneas ley como líneas rectas que vinculan hitos antiguos y lugares de adoración. Se cree que siguen rutas particulares y que están asociadas, popularmente, con fenómenos místicos.[8] Estos hitos suelen estar ubicados en los puntos altos del paisaje.

Espiritualmente hablando, estos puntos altos son *puntos de poder* o lugares de energía que fueron dedicados a las prácticas de cultos o a la adoración idólatra. Alice Smith define una línea ley como dos o más puntos de poder que interactúan uno con otro y que mantienen a la zona en una clase específica de sometimiento, dependiendo de la mala administración particular de ese terreno. Las líneas funcionan como un comedero, lo que le da al enemigo acceso al área. De este modo, todo el territorio y la gente que se encuentra dentro del plano que se forma por esas líneas ley y por los puntos de poder están sujetos.[9]

Los grupos *New Age* comprenden el poder de las líneas ley y de los puntos de poder. En *The Skeptic's Dictionary* (El Diccionario de los Escépticos), Robert Todd Carroll explica las creencias *New Age* que se centran en las líneas ley:

> Estos ocultistas del *New Age* creen que hay ciertos lugares en la Tierra que están repletos de "energía" especial. Se cree que Stonehenge, el Monte Everest, Ayers Rock en Australia, Nazca en Perú, la Gran pirámide de Giza, Sedona (Arizona), Mutiny Bay, entre otros lugares, son lugares de energía especial. (...)
> Se produjeron mapas, no obstante, con líneas que supuestamente marcan lugares de energía especial en la Tierra. Por ejemplo, la Comisión de artes de Seattle le dio cinco mil dólares a un grupo de zahoríes *New Age*, el Grupo Geo, para hacer un mapa de líneas ley de Seattle. El grupo vende, por siete dólares, fotos del resultado, que parecen una foto satelital desfigurada de la zona de Seattle. Esta proclama con orgullo que el "proyecto hizo que Seattle fuera la primera ciudad del mundo en balancear y afinar su sistema de líneas ley". La Comisión de artes recibió críticas de ciudadanos escépticos por haber financiado a una secta *New Age* y pagana, pero la pieza de arte aún es exhibida en rotación por los edificios municipales de Seattle.
> Los ciudadanos tenían todo el derecho de ser escépticos. Esto es lo que el Grupo Geo dice sobre su proyecto:
> "La visión del Proyecto de líneas ley de Seattle es sanar las energías de la Tierra dentro de los límites de la ciudad de Seattle gracias a la identificación de los centros de poder de líneas ley en Seattle, lo cual neutraliza las energías negativas y luego amplifica el potencial positivo de los centros de poder de líneas ley. Creemos que el resultado será una disminución de las enfermedades y de la ansiedad, un aumento en la sensación de totalidad y de bienestar y que Seattle alcance su potencial como centro de poder para el bien en la nave espacial Tierra".[10]

¡Esto sí que llama mi atención! Los esfuerzos de este grupo *New Age* por mejorar el bienestar sanando las "energías de la Tierra" en

Seattle fueron inútiles. El crimen, por poner un ejemplo, no disminuyó. El único resultado fue el aumento de los poderes demoníacos y de adivinación en la ciudad de Seattle.

Como Cuerpo de Cristo, tenemos la responsabilidad de quebrar el poder de estas líneas ley ¡y de reclamar la tierra para la gloria de Dios! Ya no permitamos que el enemigo gane más control sobre nuestras ciudades, regiones y naciones. Las "energías" entre los puntos de poder deben ser quebradas para que la tierra apresada por la oscuridad sea liberada. ¿Qué hacemos cuando descubrimos líneas ley en nuestra investigación? ¡Planificamos una estrategia efectiva y oramos!

Cuando se descubren líneas ley, la meta es romper el poder espiritual del enemigo que controla el territorio. Muchas veces oro en cada punto de poder que ha establecido la línea ley, separo el poder demoníaco del lugar y cierro la puerta abierta que le entregó el control a Satanás. También hubo ocasiones en las cuales me paré entre puntos de poder sobre la línea ley y quebré el poder de la oscuridad. Escuche la guía del Señor, y Él le indicará cómo avanzar. Aquí hay un ejemplo de una estrategia recientemente abordada por intercesores.

Estrategia de las líneas ley

En 1994 el Señor le dio a Chuck Pierce una palabra estratégica acerca de la ciudad de Houston. En esta palabra, el Señor les instruyó a los intercesores de la ciudad de Houston que fueran los vigías del muro por tres semanas. Durante este tiempo, debía haber un recubrimiento de oración continuo. Yo acepté la palabra del Señor y comencé a orar.

Una noche, después de haber estado orando, el Señor me habló en un sueño. Escuché las palabras *calles Segunda, Cuarta y Sexta*. Al despertar, la frase seguía resonando en mi espíritu. Fui a la tienda y compré un mapa de la ciudad de Houston. Al ver el mapa, el Señor me hizo saber que había una logia masónica en cada una de esas calles que servían como puntos de poder que formaban un triángulo. Como resultado, el área dentro del triángulo estaba sujeta por los espíritus del Anticristo y de la brujería.

Jamás había ido a esas calles, pero el Señor me lo dijo con tanta claridad que supe que la información era cierta. También supe al instante qué hacer con esta revelación. Debía ir a orar y a romper el poder de esas logias en esa área de Houston. Esta era mi tarea durante esas tres semanas cruciales para la ciudad.

Reuní un equipo y, en nuestra fase de investigación, ¡descubrimos una logia masónica en cada lugar que el Señor había revelado! Y formaban un triángulo. De más está decir que el Señor nos había mostrado el sometimiento de raíz en esta zona de Houston. Rompimos los poderes entre las logias y sobre esa área. Declaramos que ese era un territorio para el Señor y que su propósito se liberaría. Mi misión de quebrar esas líneas ley era solo una pieza del rompecabezas que el Señor armaba por medio de la oración, pero fue un privilegio servir según su guía. Al final de las tres semanas, recibimos muchas confirmaciones de que las oraciones de los intercesores habían sido exitosas y que los planes del enemigo habían sido frustrados.

Armado de la información

En resumen, el mapeo espiritual es el momento en el cual se unen toda la revelación que el Señor dio y la investigación que el equipo realizó. Es en este momento cuando nace la estrategia de la misión de oración. A medida que se mapean los hechos, los problemas que tienen más peso espiritual sobre un territorio se vuelven evidentes. Se expondrán los sometimientos de raíz y se develarán los patrones de oscuridad resultantes. El Señor continuará dando perspectivas espirituales a lo largo de este proceso.

Comience ahora a preparar un cuaderno con toda la información clave. Haga copias para todos los miembros del equipo. Asegúrese de incluir todos los sueños, los versículos, las visiones y las palabras proféticas que el Señor haya dicho. Antes de salir en el viaje de oración, asegúrese de que toda la información necesaria esté incluida en el cuaderno y llévelo con usted. Esta será una herramienta importante a medida que hace los preparativos finales para su misión de oración.

Exploremos lo esencial

1. ¿Cómo trabajan juntos la guerra espiritual y el mapeo espiritual?

2. ¿Ha estado usted involucrado en una misión exitosa que involucrara una guerra espiritual y un mapeo espiritual? Comparta brevemente la situación y el resultado.

3. Según George Otis Jr., la razón para el mapeo espiritual es concretar la Gran Comisión y guiar a las almas perdidas a Cristo. Piense en su ciudad o estado. ¿Qué área podría beneficiarse del mapeo espiritual y de la oración de guerra espiritual?

4. Identifique problemas de sometimiento vigentes en su ciudad.

5. Identifique y describa el sometimiento de raíz en su ciudad. (Podría haber más de uno).

6. ¿Ha habido un historial de apariciones en su ciudad? ¿Dónde han sucedido?

7. Piense en su ciudad. ¿Conoce lugares que podrían involucrar líneas ley? ¿Cuáles son los puntos de poder?

7
✺

PREPÁRESE PARA EL COMBATE

L a misión fue aceptada. Los hechos históricos fueron reco-
lectados. El mapeo espiritual tuvo lugar. El sometimiento
de raíz fue identificado. El cuaderno fue distribuido. Ahora
el equipo comienza la temporada final de la preparación. Antes de
ingresar a la oración de guerra, los intercesores deben estar preparados tanto práctica como espiritualmente.

Preparaciones prácticas

En general, con las misiones de guerra local, las consideracio-
nes prácticas difieren entre caso y caso. Las horas y los lugares de
reunión pueden variar, por ejemplo, dependiendo del área que se
cubrirá y de cuán profundo sea lo que fueron llamados a hacer. El
Señor será fiel y revelará la dirección sobre cómo avanzar sobre
estas iniciativas.

Cuando serví como coordinadora de oración en la Casa de Oración de Houston, usaba el momento de nuestra oración de mitad
de semana para concentrarnos en misiones de oración locales. El
Señor nos guió por muchas temporadas diferentes. Como lo dije en
el capítulo uno, pasamos muchos meses orando en el lugar en clubes de caballeros. Pasamos tiempo en caminatas de oración en los
vecindarios que rodean la iglesia. A los niños y a los jóvenes de la
congregación les gustaba mucho participar de las caminatas de oración. También investigué lugares clave en la ciudad con la ayuda de

mi asistente. Durante nuestra reunión de oración de los martes por la noche, asigné equipos para que oraran en lugares estratégicos de la ciudad que habíamos descubierto por medio de la investigación. Escuche la guía del Espíritu Santo. Él le indicará cómo avanzar.

Si el equipo viajará, es momento de contactar a un agente de viajes, hacer planes para el viaje y organizar la agenda diaria. Quizá también necesite organizar el transporte local hacia los sitios específicos donde orarán. Incluya una copia del itinerario del viaje y de la agenda diaria en el cuaderno del equipo.

Si el grupo viajará al exterior, pídale a su agente de viajes información sobre pasaportes y sobre la inmunización que se necesita para viajar. También podría ser necesario preparar intérpretes; de ser posible, trabajen con intérpretes cristianos. También es buena idea contactarse con líderes cristianos en la nación a la cual el equipo viajará. Comiencen a pedirle al Señor que contacte al equipo con un líder cristiano.

Cuando comencé a planificar el viaje de oración a Rusia y a Kiev, el equipo y yo comenzamos a orar y le pedimos al Señor que nos contactara con un líder cristiano. En ese momento, yo era gerente de la tienda de libros Arsenal ubicada en el Centro Mundial de Oración. Cuando supimos que la estación de radio cristiana de Colorado Springs celebraría una exposición para negocios y organizaciones cristianas, inscribí a la tienda como participante. Dos de los miembros del equipo de este viaje también trabajaban conmigo en la tienda. Los tres asistimos a la exposición.

Uno de los jóvenes del equipo comenzó a caminar por el auditorio observando los diferentes puestos. Casi directamente detrás del puesto de Arsenal, había un puesto con el nombre "Instituto St. James". Este joven sintió que el Señor lo guiaba a hablar con la familia de ese puesto. Se acercó a ellos y averiguó que St. James es un instituto cristiano ¡que habían fundado en Kiev! La visión de este instituto es entrenar a los líderes cristianos jóvenes de esa nación.

También averiguó que estas personas eran miembros de la iglesia a la cual nosotros tres asistíamos. El líder del Instituto St. James y yo hablamos esa tarde. Era obvio que este era el líder cristiano por el cual habíamos orado. Entablamos una amistad, y él pudo suministrarnos un guía cristiano, y también logró estar allí y orar con el equipo en Kiev. ¡Dios es un Dios grande! Todas las cosas son posibles por medio de Él.

No solo es momento de hacer preparativos prácticos, sino que también es tiempo de preparar al equipo espiritualmente. Es importante continuar con las reuniones de oración y alabanza porque esto fortalece espiritualmente al equipo para la iniciativa de oración. En general, me reúno con mis equipos una vez al mes, comenzamos seis meses antes del viaje de oración. Otros equipos quizá quieran reunirse con más o menos frecuencia. Busque la guía del Señor para determinar la estrategia de su propio grupo. También invite a estas reuniones a los intercesores que accedieron a cubrir al equipo con oración. Esto aporta una conexión importante y un sentimiento de unidad. Además, estos guerreros de la oración necesitan estar informados de todas las actividades del equipo para que tengan una guía clara sobre cómo orar con mayor efectividad.

Mientras que el equipo entero se reúne para alabar y adorar, cada miembro del equipo también necesita concentrarse en su propia preparación espiritual. Veamos ese aspecto ahora.

Preparación espiritual personal

Antes de ingresar a la oración de guerra, los intercesores deben estar preparados personal y espiritualmente. Dedicar tiempo a estar en presencia del Señor cada día cultiva una atmósfera propicia para escuchar y recibir su instrucción. Alabar al Señor nos conduce a su presencia. Leer La Palabra a diario nos da guía y revela asuntos que el Señor puede querer que resolvamos. *"Ciertamente, la palabra de Dios es viva y poderosa, y más cortante que cualquier espada de dos filos. Penetra hasta lo más profundo del alma y del espíritu, hasta la médula de los huesos, y juzga los pensamientos y las intenciones del corazón"* (Hebreos 4:12). Durante este periodo, el Señor puede llevarlo a vivir experiencias de limpieza espiritual. Al pasar tiempo en la presencia del Señor y con La Palabra, pídale que devele asuntos que usted deba superar antes de embarcarse en la misión de oración. Si Él expone un pecado en su vida, arrepiéntase y trabájelo. Si hay asuntos irresueltos o falta de perdón hacia otra persona, arrepiéntase y luego vaya con la persona y reconcíliese.

Busque motivos puros

No puedo hacer hincapié suficiente en la importancia de los motivos puros de una misión de guerra. El enemigo intentará crear división entre los miembros del equipo. Si cada individuo se esfuerza por tener un corazón puro y motivos puros ante el Señor, las maquinaciones del enemigo serán detenidas. La siguiente es una buena lista de comprobación para examinar los motivos de cada uno.

TENGA UN CORAZÓN DE SERVICIO

Avance con un corazón de servicio. Tener una actitud de servicio para con los otros miembros del equipo y la gente local es un arma poderosa.

SEA HUMILDE

Todos oímos que un exceso de orgullo conduce a la caída. El diccionario Webster's define *humilde* como un carácter modesto, alguien con ausencia de orgullo y de altivez. *Humildad* también significa ausencia de orgullo y de alarde. Mantenga su enfoque en el Señor y en darle la gloria por todo lo que se logra por medio de la oración. Esto es clave. Un libro grandioso para leer sobre el tema es *Humildad*, por C. Peter Wagner.

Quisiera agregar que *orgullo* y *confianza* no son sinónimos. No confunda confianza con orgullo. La confianza y la fe en el Señor son ingredientes necesarios de una misión de oración.

PREFIERA A LOS DEMÁS

Recuerde Filipenses 2:3-4: "*No hagan nada por egoísmo o vanidad; más bien, con humildad consideren a los demás como superiores a ustedes mismos. Cada uno debe velar no solo por sus propios intereses sino también por los intereses de los demás"*. Dé preferencia a los miembros del equipo antes que a usted mismo. No busque la autopromoción.

CUÍDESE DE LOS CELOS Y DE LA ENVIDIA

En cuanto a un resguardo importante para los miembros del equipo de una misión de oración, me gustan los siguientes versículos de Santiago 3:14-18. Los celos y la envidia son destructivos y malignos:

> Pero si ustedes tienen envidias amargas y rivalidades en el corazón, dejen de presumir y de faltar a la verdad. Esa no es la sabiduría que desciende del cielo, sino que es terrenal, puramente humana y diabólica. Porque donde hay envidias y rivalidades, también hay confusión y toda clase de acciones malvadas. En cambio, la sabiduría que desciende del cielo es ante todo pura, y además pacífica, bondadosa, dócil, llena de compasión y de buenos frutos, imparcial y sincera. En fin, el fruto de la justicia se siembra en paz para los que hacen la paz.

Viva en santidad

Hablé brevemente de eso en el capítulo tres, y en realidad, todos los puntos anteriores tratan de la santidad, sin embargo quisiera enfatizar aquí otros aspectos de este asunto importante. Aquellos que fueron invitados a participar de una misión de oración ya deberían llevar una vida de santidad, pero es esencial trabajar las puertas abiertas de la impiedad en nuestras vidas que Dios revela durante la temporada de preparación espiritual. Confíe en mí, si lo buscamos a Él y le pedimos que revele las puertas abiertas que llevan al pecado en nosotros, Él será fiel y responderá.

En 1 Pedro 1:15-16 leemos: *"Más bien, sean ustedes santos en todo lo que hagan, como también es santo quien los llamó; pues está escrito: "Sean santos, porque yo soy santo""*. Ser santo significa ser consagrado, sagrado, distinguido. Como cristianos ya no debemos vivir caracterizados o controlados por el pecado. Podemos orar e invitar al Espíritu Santo a llenarnos todos los días y pedirle que nos dé fuerza para no ceder ante la tentación. A medida que avanzamos hacia la oración de guerra, los problemas con el pecado deben ser resueltos. Si no, podemos esperar muchas víctimas de la batalla.

Y no siempre es el pecado más obvio el que nos atrapa. Recuerde: ¡si entra basura, sale basura! ¿Qué clase de películas y de programas de televisión está viendo? ¿Qué clase de música escucha? ¿El Señor está entristecido por lo que usted elige para entretenerse? Si nos exponemos a cosas que están contaminadas con connotaciones sexuales y oscuridad, estamos contaminando nuestras mentes, nuestras voluntades y nuestras emociones. La Escritura explica que los ojos son las ventanas de la mente. *"El ojo es la lámpara del cuerpo. Por tanto, si tu visión es clara, todo tu ser disfrutará de la luz. Pero si tu visión está nublada, todo tu ser estará en oscuridad…"* (Mateo 6:22-23).

Si vamos a caminar en santidad, entonces obedeceremos los estándares que el Señor nos dio en sus Escrituras y obedeceremos a aquellos que tienen autoridad divina sobre nuestras vidas. Las actitudes y las acciones de sumisión son rasgos de carácter propios de aquellos que caminan en obediencia. Si cae en un error, recuerde que el arrepentimiento instantáneo del pecado es otra característica de la santidad.

A medida que continuemos buscando una vida en santidad, comenzará a surgir en nosotros un odio hacia el pecado. ¡Pídale a Dios que le dé repulsión por el pecado y por las maquinaciones del enemigo!

Conquiste la pereza espiritual

Esté alerta a una tendencia hacia la pereza. Este es el momento para endurecer nuestros rostros como el pedernal y acercarnos al Señor. La pereza puede evitar que alcancemos nuestra herencia y tengamos la victoria de la batalla. Hebreos 6:12 explica: *"No sean perezosos; más bien, imiten a quienes por su fe y paciencia heredan las promesas".*

Como guerreros debemos tener discernimiento agudo y claro; la pereza puede atontar nuestros oídos. Cito a Barbara Wentroble en *Prophetic Intercession* (Intercesión profética):

> El Señor hizo que su pueblo pudiera afinar su espíritu con el del Señor. El escritor del libro de Hebreos se refiere a esto cuando advierte acerca de los peligros de la pereza espiritual:
> "Sobre este tema tenemos mucho que decir aunque es difícil explicarlo, porque a ustedes lo que les entra por un oído les sale por el otro. En realidad, a estas alturas ya deberían ser maestros, y sin embargo necesitan que alguien vuelva a enseñarles las verdades más elementales de la palabra de Dios. Dicho de otro modo, necesitan leche en vez de alimento sólido. El que solo se alimenta de leche es inexperto en el mensaje de justicia; es como un niño de pecho. En cambio, el alimento sólido es para los adultos, para los que tienen la capacidad de distinguir entre lo bueno y lo malo, pues han ejercitado su facultad de percepción espiritual" (Hebreos 5:11-14).[1]

La pereza arruinará cualquier plan para posicionarse en una misión de oración. Permanezca en presencia del Señor para mantener sus sentidos libres, lea La Palabra y concéntrese en la alabanza. Esta disciplina personal es lo que aumenta nuestra habilidad de escuchar y de recibir las instrucciones del Señor.

Supere el miedo

"Porque no nos ha dado Dios el espíritu de temor, sino el de fortaleza, y de amor, y de templanza" (2 Timoteo 1:7, RVR09).

"Y ustedes no recibieron un espíritu que de nuevo los esclavice al miedo, sino el Espíritu que los adopta como hijos y les permite clamar: ¡Abba! ¡Padre!'" (Romanos 8:15).

"Temer a los hombres resulta una trampa, pero el que confía en el SEÑOR *sale bien librado"* (Proverbios 29:25).

Todos hemos experimentado miedo, esa sensación de ansiedad al mirar a la cara el peligro, lo maligno o incluso el dolor. El terror es un miedo sobrecogedor y a veces paralizante. El miedo nos incapacita y nos inhabilita para avanzar. ¡Es una trampa!

Si alguna vez vio alguna de la gran cantidad de películas filmadas acerca de la Segunda Guerra Mundial, probablemente vio la dramatización de muchas de las emociones que los soldados enfrentan en batalla. Recuerdo haber visto una historia real sobre un joven que estaba tan paralizado por el miedo que se ocultó durante la confrontación. Perdía su visión durante las batallas y la recuperaba cuando la pelea acababa. Como no podía superar sus miedos, no lograba librar la guerra contra su enemigo.

Lo mismo nos sucede a los intercesores. Si entramos en batalla sobrecogidos por el miedo, nos retraeremos cuando sea momento de avanzar para obtener el éxito. Esto no significa que no experimentaremos malestar en la batalla. Yo estuve en varias situaciones en las cuales la opresión era tan fuerte que sentía que cada pelo de mi cuerpo se erizaba. Pero el equipo y yo lográbamos avanzar porque estábamos preparados espiritual y personalmente, y porque comprendíamos la importancia de no ceder ante el poder devastador del miedo, conociendo la verdad de que Dios no nos dio un espíritu de miedo, sino uno de poder, de amor y de lucidez.

Permítame señalar aquí que hay momentos cuando el peligro es tal que no debería entrar en la batalla. El Señor puede advertirle que se retire. En estas instancias, pídale a Dios que bendiga a las personas y al terreno, y márchese. Jamás entre en batalla a menos que el Señor le dé una directiva clara. Pero si usted está seguro de que Él le está indicando que avance, no deje que el miedo sea un impedimento para su misión. El miedo puede paralizarlo e impedir que emita buenos juicios en el calor de la batalla, y el resultado puede ser devastador.

Si está en la batalla y comienza a enfrentar al miedo, recuerde que su respuesta es clave. No manifieste el miedo. Satanás y sus cómplices no son omniscientes. El enemigo puede poner pensamientos en nuestras mentes, pero no puede leer nuestros pensamientos. No sabe que tuvo éxito al causarnos miedo a menos que nosotros lo exterioricemos.

Pregúntele al Señor si debe avanzar a la batalla. Si siente que debe avanzar, puede comenzar a citar las verdades de La Palabra de Dios. Un ejemplo de oración sería: "Señor, te agradezco que el que está en mí es más poderoso que el que está en el mundo. Gracias, Señor, porque para el que cree, todo es posible. Gracias, Señor porque nos llamaste de las tinieblas a tu luz admirable. Gracias, Señor, porque nos diste un espíritu que nos adopta como hijos y nos permite clamar: '¡Abba! ¡Padre!'. Señor, te agradezco porque tú ordenaste esta misión y porque tú nos darás la victoria". Declarando Las Escrituras hallará que su nivel de fe se eleva y despeja el miedo.

La alabanza también es un arma poderosa para enfrentar situaciones de miedo intenso. Mencioné en el capítulo dos nuestra misión de guerra en España. Oramos en Ronda, una ciudad ubicada en lo alto de una montaña. Sus orígenes están impregnados de adoración a Mitras, lo cual incluye la matanza sangrienta de toros para la iniciación de los individuos en la religión pagana. Esta religión es, por cierto, el origen de la tauromaquia.

La atmósfera espiritual en Ronda es intensamente oscura. Allí oramos mientras el Señor nos guiaba. Cuando estábamos listos para marcharnos, tuvimos problemas para salir del estacionamiento y no pudimos encontrar el camino de regreso a la ciudad. Después de largo rato, finalmente encontramos el camino correcto. Yo veía que el miedo intentaba apoderarse del equipo, así que comencé a alabar al Señor. Alabamos y adoramos durante los cuarenta y cinco minutos que duró el viaje por esa carretera montañosa escarpada y ventosa. Cuando llegamos al pie de la montaña, todos estábamos riendo y regocijándonos en el Señor. La adoración nos lleva a su presencia y le quiebra la espalda al miedo.

Si usted lucha con el miedo en general, pídale a Dios que le revele la causa y ore por liberación. Dios me liberó por completo del miedo que había en mi vida. Cuando éramos niñas, mi hermana y yo nos quedamos en un centro de cuidado infantil cercano a casa, mientras nuestros padres asistían a un juego de fútbol de los Vaqueros de Dallas con sus amigos. Ella tenía seis años, y yo tres. Cuando jugaba en la trepadora, me caí y me quebré el codo. En ese momento, no existían los teléfonos celulares, así que la niñera no pudo avisar a mis padres. Comencé a llorar descontroladamente y ella no lograba calmarme. Frustrada, me acostó en una cuna en una habitación oscura y se negó a permitirle a mi hermana consternada que se quedara conmigo. Aún recuerdo a mi hermana parada en la puerta de la habitación deseando entrar para estar conmigo y que no se lo permitían. Yo sentía dolor y estaba asustada. De más está decir que, cuando mis padres vinieron por nosotras, no se mostraron felices y jamás nos quedamos allí otra vez.

Como resultado de ese incidente, adquirí terror a las alturas y a la oscuridad. Desde ese momento hasta que fui liberada del miedo ya de adulta, me plagaban las pesadillas. Incluso después de que Greg y yo nos casáramos y tuviéramos a nuestra primera hija, el miedo aún me controlaba. Si él estaba de viaje fuera de la ciudad, yo no podía dormir a menos que la televisión, la radio y cada luz de la casa estuvieran encendidas. Cuando yo viajaban en avión, debía tomar suficiente Dramamine como para hacerme dormir. No toleraba las escaleras de mano ni los balcones.

A medida que el Señor comenzaba a enseñarme sobre la intercesión, la liberación y la guerra, me di cuenta de que tenía que librarme de esos miedos. ¿Cómo podía echar fuera un espíritu de miedo en otra persona si yo caminaba el camino del miedo? ¿Cómo podía ir a los sitios y a las naciones que el Señor me revelaba en oración si le temía a las alturas y a volar? Comencé a pedirle al Señor que me librara. Una vez, en un retiro de mujeres, uno de los oradores les pidió a todas las mujeres con problemas de miedo que se pusieran de pie. Oró por nosotras colectivamente y quebró el espíritu del miedo. Sentí como si algo que había estado posado sobre mi hombro se hubiera levantado. ¡Me sentí muy emocionada!

Cuando regresé a casa, sabía que había sido liberada. Pero aún así, pronto descubrí que tendría que ser fuerte en mi liberación para mantener la victoria. Cada noche por dos meses, luché contra un espíritu de miedo. Sentía cómo el espíritu entraba en nuestra casa por las noches mientras dormíamos. En lugar de cubrir mi cabeza con el cobertor o acercarme a mi esposo para que me consolara, salía de la cama, caminaba hacia la sala y me enfrentaba al espíritu de miedo. Aunque no podía verlo, caminaba hacia donde sentía que su presencia era mayor y le hablaba como si lo estuviera viendo a los ojos. Le decía que se marchara en el nombre de Jesús y que jamás regresara. Ya no era bienvenido en mi vida o en mi casa. Le decía al miedo que no tocaría a mi hija ni a mi esposo.

Durante este tiempo, pasé muchas horas orando en medio de la noche. Incluso cuando alababa al Señor y avanzaba a la intercesión, ese espíritu de miedo intentaba regresar. Me levantaba del suelo y caminaba hacia el lugar donde sentía la presencia del miedo y le hablaba cara a cara.

Un día Greg salió en un viaje de negocios. ¡Esta era la prueba real! Esa noche, después de llevar a mi hija a dormir, apagué todas las luces. La televisión y la radio estaban apagadas. Entonces proclamé: "¡No me entregaré más al miedo! ¡No te aceptaré, espíritu de miedo!". ¿Adivine qué ocurrió? ¡No tuve miedo! A partir de entonces, la oscuridad y los lugares oscuros no me molestan, y he podido volar sin vacilación. ¡Dios es fiel y nos libra de las trampas del enemigo que nos enredan!

Posiciónese como un soldado

Prepararnos personalmente para la guerra significa aceptar la idea de ser un soldado para el Reino. Mateo 11:12 describe la posición de un intercesor de guerra: *"Y desde los días de Juan el Bautista hasta ahora, el reino de los cielos sufre violencia, y los violentos lo conquistan por la fuerza"* (LBLA). La palabra original griega para *fuerza* es *biastes*. Significa tomar algo de manera energética y agresiva. Es forzoso, poderoso, vigoroso. Los soldados del ejército de

Dios tenemos espíritu tenaz y avanzamos con vigor por la autoridad que Dios nos dio. Como intercesores de guerra, cargamos con el peso hasta que ocurre la apertura de una brecha y el progreso. Para lograr esta meta, los intercesores de guerra deben comprender el plan de batalla, conocer el corazón del Padre y usar gran sabiduría y discernimiento.

Efesios 6:12 dice: *"Porque nuestra lucha no es contra seres humanos, sino contra poderes, contra autoridades, contra potestades que dominan este mundo de tinieblas, contra fuerzas espirituales malignas en las regiones celestiales"*. Al ingresar en la guerra espiritual, nos damos cuenta de que nuestra batalla no es contra un individuo o contra un grupo de gente; es contra Satanás y sus cómplices.

Aun así, podemos aprender mucho de los hombres y mujeres que pelean en guerras físicas. Cualquier gran líder estudia las tácticas del enemigo y suele tener cierto respeto por sus estrategias de guerra. Ningún plan de batalla es efectivo sin la comprensión de esto.

¡Los intercesores de guerra necesitan avanzar habiendo comprendido que esta es una guerra! No es momento de avanzar con una actitud indiferente o presuntuosa. La presunción es un pecado y una puerta abierta. Satanás es un enemigo formidable, y entrar en batalla sin cierto reconocimiento de sus poderes malignos es incauto. Fíjese que no sugiero que lo admiremos a él o a sus engaños; digo que es crucial conocer sus artimañas y saber cuándo y cómo enfrentarse a espíritus territoriales. Pídale a Dios que le dé sabiduría en esta temporada de preparación.

Los soldados que avanzan a la batalla comprenden que la muerte es una posibilidad. Aquellos que participan de oración de guerra espiritual caminan en una obediencia incondicional al Señor y no aman sus vidas hasta la muerte. ¿Hasta *la muerte*? Comprendo que es extremo decir esto, pero es un requisito para un soldado. No creo que Dios nos envíe a la batalla a morir, pero creo que, como intercesores de guerra, debemos aceptar los peligros de esta. Hay víctimas en la guerra. Al abandonarnos a Él y entregarle nuestras vidas, encontramos que tenemos un deseo y una pasión por seguir al Señor sin importar el costo y aprendemos a no amar nuestras vidas hasta la muerte.

Evalúe el costo

"¿Estás dispuesta a seguirme sin importar el costo?".

Jamás olvidaré la noche que el Señor me hizo esta pregunta. Por primera vez, había presentado mi nombre para participar en un viaje de oración de guerra. El viaje era a Nigeria. La iglesia a la que asistía ponía como requisito que los interesados en participar en el viaje de oración completaran una solicitud y que atravesaran un proceso de entrevistas. Faltaban varias noches para la entrevista, y yo estaba en intercesión hasta altas horas de la mañana. El Señor comenzó a hablarme sobre la oración de guerra espiritual y las naciones. Me preguntó:

–¿Estás dispuesta a viajar a las naciones del mundo a orar?

Respondí:

–Sí, Señor.

Preguntó:

–¿Estás dispuesta a seguirme sin importar el costo?

Respondí:

–Señor, quiero decir "sí". Ayúdame a tener la fuerza para decir que sí.

Luego me preguntó:

–¿No amas tu vida hasta la muerte?

Deseaba tanto decirle que estaba dispuesta a entregar mi vida, pero dentro de mí se suscitaba una lucha intensa.

Durante los siguientes días, comencé a pedirle al Señor que me diera la fuerza para seguirlo. La noche anterior a mi entrevista, pude contestarle al Señor y decirle que quería seguirlo sin importar el costo. Le pedí que me diera la fuerza para hacerlo. Fue un momento de oración muy poderoso, y creí haber resuelto el asunto en mi espíritu.

Fui a la entrevista al día siguiente, y las cosas procedían bien. Cuando me hicieron la última pregunta, comprendí por qué había tenido la lucha interna los días previos. Alice Smith me miró fijamente y me preguntó:

—¿Estás dispuesta a dar tu vida por el Señor?

Respondí:

—¡Sabía que preguntarías eso! Estuve ante el Señor los últimos días y pedí por la fuerza para contestar "sí". Mi mejor respuesta es que le dije al Señor, que deseo seguirlo sin importar el costo, y le pedí que me diera fuerza para hacerlo.

Más tarde comprendí que el Señor estaba usando este proceso para prepararme para misiones de guerra futuras. Fue un momento en mi vida de profunda introspección y de realmente poner ante el Señor los planes de mi vida y de aceptar el plan que Él tenía para mí.

Sin embargo, en ese momento creí que ese asunto estaba resuelto. Pero unos meses después, nuestro pastor enseñó un mensaje que atravesó mi corazón. Comenzó a desafiar a la congregación a comprometerse con mayor profundidad y compartió historias increíbles de hombres y mujeres que fueron fieles al Señor hasta el final. Mientras predicaba este mensaje inspirador, sabía que yo no había resuelto el asunto por completo. Día tras día, me ponía de rodillas ante el Señor y pedía: "Señor, hazme fiel hasta el final". Había evaluado los costos y quería comprometerme por completo para poder ir a las naciones a orar. No le dije a nadie, ni siquiera a mi esposo, sobre esta carga. Era entre Dios y yo.

A la tercera semana de hablar con el Señor, asistí a una reunión para los intercesores que oran regularmente por Eddie y Alice Smith. El Señor le había dicho a Alice que bendijera a sus intercesores en esta reunión. Ella comenzó a orar y a profetizarnos a cada uno. Cuando me miró dijo mi nombre y me señaló con el dedo. Sentí como si el Señor estuviera parado frente a mí. Me miró a los ojos y declaró:

—¡El Señor dice que serás fiel hasta el final!.

Esa palabra me atravesó. Penetró cada parte de mi ser. Comencé a temblar. Luego ella dijo:

–El Señor te dio esta palabra para que, cuando estés en situaciones extremas, puedas aferrarte a ella y saber que serás fiel sin importar el costo.

Después de esa noche, el Señor comenzó a liberarme a la oración de guerra espiritual de nivel estratégico. Comencé a experimentar niveles más profundos de intercesión en mi gabinete de oración. Ahora me invitaban a participar en misiones de oración de guerra en mi ciudad, en mi estado y luego en las naciones. Puedo decir con honestidad que pasé por situaciones intensas y peligrosas desde que estas palabras llegaron a mis oídos. Como la palabra está viva en mi espíritu, no dejo que el miedo me impida avanzar y enfrentar el llamamiento que Dios puso en mi vida.

Tome la armadura de Dios

Cada soldado entra a la batalla con su armadura en su lugar. Efesios 6:13-17 explica la armadura que los cristianos usamos en nuestra batalla contra el mal:

> Por lo tanto, pónganse toda la armadura de Dios, para que cuando llegue el día malo puedan resistir hasta el fin con firmeza. Manténganse firmes, ceñidos con el cinturón de la verdad, protegidos por la coraza de justicia, y calzados con la disposición de proclamar el evangelio de la paz. Además de todo esto, tomen el escudo de la fe, con el cual pueden apagar todas las flechas encendidas del maligno. Tomen el casco de la salvación y la espada del Espíritu, que es la palabra de Dios.

Debemos aprender a caminar en la armadura de Dios. Nos protege y nos ayuda a movernos por la vida.

Es posible que los eventos cotidianos hagan hoyos en nuestra armadura. Las heridas causadas por otras personas o por situaciones traumáticas que causan que nuestra fe trastabille son solo dos ejemplos. Cuando algo así sucede, entréguese a otros para que oren y se resuelva el asunto.

Quiero agregar una palabra de cautela sobre ponerse la

armadura. Para algunas personas, esta protección importante adquiere un formato supersticioso. En estos casos, ponerse la armadura se convierte en una forma de idolatría. Sienten que cantar ciertas expresiones o encantos una y otra vez, en este caso, enumerando las partes de la armadura, les da poder. Estuve con intercesores que no avanzan a la oración de guerra hasta que religiosamente se han puesto la armadura de Dios; creen que esto es lo que les da el poder para la guerra.

Es correcto y bueno hablar las verdades del evangelio para impartir la fe, pero cuando sentimos que debemos rezar estas palabras antes de avanzar a la batalla y que no podemos seguir adelante hasta no haberlo hecho, estamos siguiendo una práctica supersticiosa. Estamos caminando en la misma mentalidad que aquellos que están atrapados por las formas de adoración idólatra y supersticiosa contra las cuales fuimos a pelear.

Pasar tiempo en la presencia de Señor y con La Palabra de Dios es la forma en que nos equipamos y nos vestimos con la armadura de Dios. Es un proceso de crecimiento. A medida que crecemos en nuestra relación con el Señor por medio de la oración, cuando leemos La Palabra y se convierte afilada y activa en nuestras vidas, al entrar al lugar santísimo, nos purificamos. El Señor nos viste en su presencia, y la armadura de Dios se convierte en parte de nuestros guardarropas espirituales diarios. Una vez que nos entregamos a este proceso, creo exactamente en lo que Pablo manda, que nos pongamos la armadura y que nos mantengamos firmes. Es una cuestión de comprender nuestra autoridad, nuestra elección, nuestro estilo de vida y nuestra fe.

Mantenga la fe en la apertura de la brecha

Hebreos 11 es conocido como "el salón de la fama de la fe". Leer este capítulo sobre los antiguos y ver lo que lograron para el Reino de Dios por medio de la fe es impactante. Hebreos 11:1-2 explica que la fe es necesaria para abrir la brecha: *"Ahora bien, la fe es la garantía de lo que se espera, la certeza de lo que no se ve.*

Gracias a ella fueron aprobados los antiguos". Así como la fe era un requisito para que Abraham, Noé, Moisés, Enoc, Gedeón y los otros grandes hombres y mujeres de Dios recibieran la herencia y la promesa del Padre, también es requisito para nosotros como guerreros de la oración.

Al orar pidiendo la apertura de una brecha espiritual para su misión, tenga en cuenta el hecho de que las actitudes negativas pueden afectar el resultado. La falta de confianza en el Señor, dudar de su autoridad espiritual y las preocupaciones fastidiosas sobre la oración pueden socavar su fe.

La fe es el ingrediente necesario en la intercesión de guerra para llegar a la apertura de la brecha espiritual. A medida que caminamos a diario con Dios, nuestra fe en Él crece; sin embargo creo que la fe también es una elección. En 2 Pedro 1:3 leemos:

> "Su divino poder, al darnos el conocimiento de aquel que nos llamó por su propia gloria y potencia, nos ha concedido todas las cosas que necesitamos para vivir como Dios manda" (énfasis agregado).

En este versículo, Pedro explica que Dios nos dio todo lo que necesitamos para nuestro andar cristiano. Esto me dice que, si elegimos creer lo que dicen Las Escrituras, entonces tenemos las herramientas necesarias para avanzar en todo lo que hacemos.

Lucas 10:19 explica: *"Sí, les he dado autoridad a ustedes para pisotear serpientes y escorpiones y vencer todo el poder del enemigo; nada les podrá hacer daño"*. La palabra griega para *pisotear* es *pateo*. El *Enhanced Strong's Lexicon* (Léxico ampliado de Strong) da las siguientes definiciones:

> Pisotear.
> Aplastar con los pies.
> Avanzar dando pisadas, pisoteando.
> Enfrentar con éxito los peligros más grandes de las maquinaciones y persecuciones con las cuales Satanás impediría gustosamente la prédica del evangelio.

Jesús mismo nos dice que tenemos la autoridad de pisotear la oscuridad y vencer las confabulaciones del enemigo. Tenemos el poder de derribar fortalezas y de liberar a los cautivos.

Lucas 10:20 continúa: *"Sin embargo, no se alegren de que puedan someter a los espíritus, sino alégrense de que sus nombres están escritos en el cielo"*. Esto mantiene nuestra autoridad en la perspectiva apropiada y a nuestros corazones y mentes concentrados en la precedencia de la salvación de las almas perdidas. Recuerde que la salvación de los perdidos es la razón por la cual peleamos. Nos regocijamos en esto.

Durante esta temporada de preparación física y espiritual, pídale al Señor que le imparta fe donde falte. Pídale que aumente su confianza para la misión de oración y que le dé un espíritu y una pasión concentrados y tenaces para la salvación de almas perdidas. Elija caminar en la autoridad que el Señor le dio. Avance con la actitud de un soldado. Él nos llamó a avanzar en fe y en denuedo para derribar fortalezas de la tierra para que las almas atrapadas en la oscuridad puedan ser salvadas.

Ahora estamos listos para entrar en guerra.

Exploremos lo esencial

1. ¿En qué áreas necesitan estar preparados los intercesores antes de comenzar la oración de guerra? ¿Usted está preparado para la misión de guerra?
2. Investigue más, examine sus motivos. ¿Hay áreas en las cuales necesita trabajar? Ore y pídale a Dios que lo ayude a obtener la victoria en esas áreas.
3. ¿Qué prácticas diarias le dan fuerza para resistir a la tentación?
4. ¿Hay áreas en su vida en las cuales la pereza sea un problema? Pídale a Dios que perdone su pereza y su dilación. Pídale que le dé fuerza para superar estos problemas.
5. ¿Cuál es el resultado de que un intercesor vaya a la batalla, mientras se enfrenta personalmente con el miedo?

6. ¿Hay problemas de miedo en su vida? Pídale al Señor que se los revele y que lo ayude a resolverlos. Alabe y agradezca a Dios por la victoria en esta área.

7. ¿El Señor le pidió que lo siguiera a cualquier costo? ¿Qué le pidió que entregara?

8

AVANCE HACIA LA BATALLA

¡Llegó el momento de avanzar! Ahora comienza la batalla. En este capítulo, no intentaré poner a Dios en una caja para insistir con que sigan este modelo paso a paso. ¡El legalismo es perjudicial para la oración de guerra! Daré sugerencias y ejemplos de mis experiencias de oración de guerra efectiva en el lugar.

El punto más importante para recordar es ser obediente a la guía del Espíritu Santo y orar por eso. Él le dirá a su equipo de qué ocuparse y de qué no en la oración de guerra. Muchas veces los lugares que usted creía que serían los más intensos no lo son, y los que creía que no tendrían demasiado peso espiritual lo tienen. Algunos de los lugares en el itinerario quizá ni siquiera requieran de oración. He participado de equipos en los cuales muchas veces se volvía evidente que no debíamos orar en un lugar en particular. Su trabajo puede ser simplemente espiar el territorio. O quizá otro grupo de intercesores ya disipó la oscuridad de ese sitio.

Las fuerzas espirituales demoníacas sobre un territorio pueden constar de muchos niveles. Se parece a la estructura de una cebolla: hay que pelar muchas capas antes de descubrir el centro. Aun cuando el equipo haya identificado el sometimiento de raíz en la etapa del mapeo espiritual, se enfrentarán con muchos niveles de oscuridad antes de llegar a ese nivel profundo. Definan estrategias adecuadas. Pídanle al Señor que les devele la estrategia sobre cómo orar efectivamente y ver y resolver cada nivel de oscuridad hasta llegar al problema de raíz. Tengan presente que podrían ser el primer grupo de intercesores en comenzar la guerra espiritual en el territorio. Esto es grandioso. Sin embargo, sentirán que apenas cincelan los cimientos de la oscuridad que el enemigo perpetuó en esa región. No se desalienten, sino oren con fe por su misión. Dios preparará a otros intercesores para que continúen trabajando y peleando contra las fortalezas establecidas en la región.

Por ejemplo, en nuestro viaje a Rusia y a Ucrania, era obvio que la oración estratégica de guerra no había ocurrido en algunos de los lugares donde Dios nos había indicado que oráramos. Lo discernimos al comienzo de nuestro viaje de oración y sabíamos que éramos los primeros en orar en este nivel en muchos de los lugares. Pero esto no nos desalentó ni un poco. Oramos y peleamos conforme el Señor nos guiaba, sabiendo que estábamos allanando el camino para el siguiente equipo de guerreros de oración. Por otro lado, también puede ocurrir lo opuesto. Su equipo puede ser el grupo que dé el último golpe contra los poderes de la oscuridad, y la trasformación comenzará a fluir. Cada capa que se remueve es un paso importante que se ganó para el Reino de Dios y crucial para la apertura de la brecha.

Si están en un viaje de oración extenso, recuerden mantenerse flexibles. La información que no se develó en la investigación comenzará a evidenciarse. Muy frecuentemente, el Señor redireccionará o cambiará el itinerario diario. Comiencen cada día orando y estén atentos a la guía del Señor. Aquí hay diecinueve sugerencias para una oración de guerra en el lugar efectiva.

1. Use su discernimiento.

Cuando llegue a un lugar de oración de guerra, discierna las condiciones espirituales y físicas de la zona. Escuche la revelación del Señor. Si tiene un guía, pídale que comparta hechos históricos y espirituales sobre el lugar. Muchas veces una frase casual puede resultar ser una información vital para el equipo de oración.

2. *Ore por obediencia.*

Después de usar las herramientas del discernimiento y la observación, reúna a su equipo y comiencen a orar. Basen sus oraciones en la obediencia, no en las sensaciones. Cuando el equipo haya llegado a un consenso sobre qué dirección tomar, sigan esa dirección.

3. *Ore con los ojos abiertos.*

Un soldado entrenado no entraría a la batalla con los ojos cerrados, esperando apuntar su arma con precisión. Un soldado está alerta y consciente de todo lo que sucede a su alrededor.

Mientras estaba en un viaje de guerra en Egipto, fui asignada a tomar fotos del Valle de los Reyes. Debía comprar más baterías para mi cámara, así que otro miembro del equipo, llamado Steve, me acompañó a una pequeña tienda de regalos junto al estacionamiento donde se encontraba nuestro autobús turístico. Este es un buen momento para decir que, si se encuentra en un país extranjero, siempre debe tener una pareja de viaje. Nunca se aventure solo. Puede ser peligroso.

Después de comprar las baterías, Steve y yo salimos de la tienda y nos dirigimos al autobús. Yo estaba ocupada cargando las baterías a mi cámara y no prestaba atención a mi alrededor. De pronto Steve me empujó con fuerza, por lo que me tropecé y caí hacia adelante. Antes de que yo pudiera emitir palabra, me había empujado otra vez. Finalmente me volví hacia Steve para pedirle explicación por su comportamiento extraño y me di cuenta de que estaba casi en medio de un grupo de hombres que portaban ametralladoras. Eran soldados que cuidaban a un civil que se encontraba en el centro del círculo. Sus armas estaban apuntadas y listas para ser disparadas. Si Steve no me hubiera sacado del camino, yo me habría encontrado en la línea de fuego. Subimos deprisa al autobús, y Alice Smith, la líder del equipo, me reprendió con razón. Siempre hay que estar alerta cuando se está en guerra o en un lugar desconocido.

Otra razón por la que prefiero orar con los ojos abiertos en la oración de guerra es por una cuestión de reverencia. Al orarle a

Dios, cerrar los ojos y bajar la cabeza demuestra respeto y alabanza. ¿Por qué querría cerrar mis ojos y bajar la cabeza al enfrentarme a Satanás y a sus cómplices? Escojo orar con los ojos abiertos y de manera autoritaria cuando enfrento al enemigo. Finalmente, si cerramos los ojos al orar, podemos perdernos ocurrencias milagrosas.

4. *Ore muy cerca de los miembros del equipo.*
Manténganse uno junto al otro para poder escuchar todo lo que se está orando. Querrán orar en concordancia, y esto es imposible si no se puede oír lo que se está diciendo.

5. *Lea en voz alta las escrituras que el Señor le reveló y que le revela.* Muchas veces Él revelará escrituras que tienen mensajes proféticos o declaraciones que necesitan ser liberados al momento de la oración en el lugar. La Palabra de Dios es más cortante que una espada de dos filos, y hablar su verdad por medio de su Palabra crea una atmósfera propicia para que se abra la brecha.

6. *Ore por toda la información clave que el Señor reveló en la investigación.*
Sea sensible a la guía del Espíritu Santo en cada lugar. Ore por la investigación que es relevante a cada lugar. A medida que procede hacia la iniciativa de guerra, su comprensión de la historia y de la condición espiritual del terreno crecerá. Al moverse de un lugar a otro, se abordarán más de los datos de la investigación y de la revelación profética.

7. *Arrepiéntase de la profanación de la tierra.*
No olvide el arrepentimiento por identificación. Hablé de esto en el capítulo cuatro. Si un miembro del equipo tiene derecho legal por la línea de sangre de arrepentirse en nombre de sus ancestros, él o ella deben arrepentirse según el Señor lo indique.

8. *Recuerde que en algunos lugares entrará en oración de guerra y en otros no.*

Esto requiere de discernimiento. Conozca el plan del Señor antes de orar. Cuando no esté en oración de guerra, pídale al Señor que bendiga la tierra y a sus habitantes y que los traiga a la salvación. En ciertos lugares, puede pedirle al Señor que pelee o que envíe a sus ángeles a pelear en nombre del terreno y de las personas. Habrá lugares donde no se le indicará hacer nada. No se vuelva legalista ni sienta que tienen que hacer guerra en cada lugar que investigaron. Haga una oración sencilla y siga adelante. Escuche la guía del Espíritu Santo. Él revelará la ubicación correcta donde se necesita oración.

9. *Quiebre el poder de la profanación y rompa todas las ataduras que el espíritu territorial tiene en este territorio.*

Si abordara a la diosa Isis en guerra de oración, por ejemplo, este es un ejemplo de cómo oraría yo. Por favor, recuerde que esto es solo un ejemplo. Dios guiará su oración mientras esté en la misión de oración.

> En el nombre de Jesús, me enfrento a las fortalezas y a la demoníaca a Isis. Estás expuesta y develada. Me dirijo a cada espíritu de brujería y del Anticristo que está adherido a la adoración a Isis y a la estructura de la reina del cielo. Destierro de este lugar y de su gente a cada espíritu de error, mentira, muerte, escepticismo y miedo asociado con la adoración a la diosa demoníaca, en el nombre de Jesús. Me opongo a cada maquinación y plan que perpetuaron en este terreno y en sus habitantes. Ya no se los adorará ni se hablarán sus mentiras y engaños. Su misión en este terreno está cancelada y anulada. Está acabada y terminada. ¡Les ordeno ahora en el nombre de Jesús que se vayan! ¡Se les entregó la notificación de desalojo!

10. *Nunca ore contra una persona; ore contra los principados que tomaron la región.*

Primero, una palabra sobre los principados. Recuerde que en

la guerra de nivel estratégico nos enfrentamos a principados, también llamados espíritus territoriales. También podemos enfrentar fortalezas demoníacas de la región que tomaron individuos como resultado de un principado, pero la guerra estratégica enfrenta un nivel más estructurado.

Algunos enseñan que ciertos intercesores fueron heridos innecesariamente como resultado del enfrentamiento a los espíritus territoriales. Esto es verdad. Algunas personas experimentaron contraataques excesivos y devastadores del enemigo como resultado de declararle la guerra a los principados. Sin embargo, en mi experiencia, aquellos que recibieron un contragolpe extremo no habían sido liberados por el Señor, no tenían una cobertura apropiada o habían avanzado sin que el Señor se los ordenara. La sabiduría del Señor es esencial. Si Dios lo llama a participar de una campaña de guerra, le dará la sabiduría y la comprensión necesarias para llevarla a cabo con éxito. Jamás entre a la guerra presuntuosamente.

Y jamás ore contra una persona. En Kiev orábamos en una región que estaba sujeta por el miedo a un sacerdote ortodoxo que también practicaba la brujería. La gente que vivía en su pueblo y en los pueblos aledaños estaba hechizada por el miedo de sus mentiras.

Muchos pastores y evangelistas intentaron alcanzar esta región con el evangelio por años. Cuando los habitantes asistían a reuniones evangelistas, respondían al mensaje y recibían la salvación. Pero, al cabo de la partida de los pastores y de los evangelistas, este sacerdote visitaba cada hogar en el cual había ocurrido una experiencia de salvación. Les decía a las personas que habían caído presas de una religión falsa y que, si no denunciaban la experiencia y le daban a él dinero, morirían e irían al infierno. Los habitantes, por causa de su ingenuidad y miedo, denunciaban la experiencia y le daban todo su dinero para "salvarse". Él usaba ese dinero para sustentar sus adicciones a las drogas y al alcohol.

Uno de los miembros de nuestro equipo era nuevo en la oración de guerra. Comenzó a orar por que los maleficios que este sacerdote había echado a los aldeanos regresaran al sacerdote y le causaran la destrucción. No hay duda de que el sacerdote era una persona malvada, pero, como intercesores, nuestro trabajo es orar por misericordia para cualquier individuo que fuera usado por el mal y orar contra los espíritus que operan detrás de escena. Yo era la líder del equipo, así que era mi responsabilidad manejar la situación. Corregí a este guerrero nuevo y apasionado, y le expliqué que oramos contra los espíritus, no contra las personas. Luego redirigí las oraciones del grupo a lo que correspondía. Enfrentamos los espíritus que operaban detrás del sacerdote y de la región, y le pedimos a Dios que se revelara a este hombre y que lo trajera a la salvación.

11. *Realice actos proféticos.*

Barbara Wentrobe define un acto profético como "una cosa o hazaña hecha, tener los poderes de un profeta, una acción o un edicto que presagia".[1] Un ejemplo de Las Escrituras es la batalla de Jericó, registrada en Josué 6:3-5:

> Tú y tus soldados marcharán una vez alrededor de la ciudad; así lo harán durante seis días. Siete sacerdotes llevarán trompetas hechas de cuernos de carneros, y marcharán frente al arca. El séptimo día ustedes marcharán siete veces alrededor de la ciudad, mientras los sacerdotes tocan las trompetas. Cuando todos escuchen el toque de guerra, el pueblo deberá gritar a voz en cuello. Entonces los muros de la ciudad se derrumbarán, y cada uno entrará sin impedimento.

Por favor, sea discreto al realizar actos proféticos. Intente no llamar la atención hacia sí mismo o hacer algo que haga peligrar la seguridad del equipo. No destruya reliquias históricas o bienes de un templo. Esto no solo les da a los cristianos un mal nombre, sino que podría causar la encarcelación de todo el equipo.

12. *Manifieste las proclamaciones proféticas.*

Una proclamación profética es un anuncio o un decreto dado con la autoridad de un profeta. La confrontación ya mencionada de

Isis es un ejemplo de una proclamación profética hacia una entidad demoníaca. Hay un ejemplo en Las Escrituras en 2 Timoteo 4:17:

> Pero el Señor estuvo conmigo y me fortaleció, a fin de que por mí se cumpliera cabalmente la proclamación del mensaje y que todos los gentiles oyeran. Y fui librado de la boca del león.

La Biblia de las Américas

Yo enseñaba a un grupo de intercesores en el pueblo de La Junta, Colorado. Me habían preguntado si estaría dispuesta a unirme a ellos para orar en la propiedad de uno de los intercesores, y yo había accedido. En ese rancho hay una colina. Esta colina es el punto de encuentro de tres condados de Colorado y es el punto alto de estos tres condados. Las personas involucradas en el movimiento *New Age* y en la meditación viajan a lugares altos como este para orar y para buscar la iluminación espiritual.

Después de que la pareja compró la propiedad, comenzaron a recibir llamados de personas que pedían subir la colina. Ellos les permitían acceso con gusto a esos extraños sin saber lo que ocurría una vez que llegaban a la cima. Cuando se dieron cuenta de la guerra espiritual, los dueños supusieron que había habido prácticas demoníacas y de brujería en ese lugar. Sabían que debían subir a la colina y orar, pero querían a alguien con experiencia en la batalla espiritual para orar con ellos. Un grupo de intercesores de su iglesia, el pastor, su familia y yo subimos la colina.

Los terratenientes tienen autoridad legal para enfrentar la actividad demoníaca en su terreno. Los intercesores ya se habían preparado espiritualmente para esta misión. El Señor le había indicado a una pareja que llevara estacas con versículos escritos. Era obvio lo que habíamos ido a hacer.

Al llegar arriba, descubrimos tres altares. Estaban construidos de piedra y formaban un triángulo. Uno de los altares de piedra contenía los huesos de un animal. Era obvio que necesitábamos orar y destruir esos altares demoníacos. Dios nos indicó que realizáramos varios actos proféticos. Primero, lanzamos las rocas por la ladera de la colina; luego, los huesos de animal. Declaramos que el poder demoníaco de estos altares estaba erradicado del terreno. Al continuar orando y leyendo Las Escrituras, Dios comenzó a indicarnos que realizáramos otro acto profético y que hiciéramos una declaración profética.

Colorado pasaba por una sequía severa en ese momento. Era especialmente grave en esta zona del estado; toda la vegetación estaba muerta. Todo lo que se podía ver desde la cima de la colina estaba cubierto de pasto muerto. Cuatro miembros del equipo recibieron indicación del Señor de realizar el acto profético de declarar terminada la sequía. Dividimos el equipo en tres grupos. Cada grupo se ubicó en el lugar donde había estado uno de los altares. Nos ungimos unos a otros con aceite y derramamos agua en el suelo en el centro del triángulo. Después de derramar el agua, clavamos las estacas con las inscripciones de versículos en el suelo.

El pastor, que tenía autoridad espiritual sobre la región, declaró proféticamente que la sequía terminaría en esa región y en el terreno. Luego yo declaré que el césped comenzaría a volverse verde, que la vida regresaría a la tierra y que las personas de la región verían el césped verde y la vida del terreno, y que le darían a Dios la gloria. Al cabo de un mes, habían caído cien milímetros de lluvia. Al acercarse al perímetro del rancho, el césped era notoriamente más verde que en los terrenos aledaños.

13. *Ore hasta que se abra una brecha o hasta que la misión se complete.*

Como intercesores necesitamos poder discernir cuándo se abrió la brecha. Los siguientes son algunos ejemplos de cómo un equipo puede percibir que se abrió la brecha espiritual.

> Experimentará un cambio repentino de la oración de guerra a la de paz o un cambio de llanto y angustia a paz.
> Discernirá que se abrió la brecha en el reino espiritual.

Dios le hablará y le dirá que se abrió la brecha.

Sabrá que la orden del día para ese lugar fue completada.

Habrá un cambio repentino y drástico en el estado del clima al abrirse la brecha. Yo participé de muchos equipos en lugares donde el estado del tiempo cambió cuando estábamos orando y quebró el poder del enemigo sobre la región. Es una experiencia asombrosa. Aquí hay un ejemplo de una instancia así.

Estaba acercándose el fin de un viaje de seis días a Egipto. Antes y durante el viaje, el Señor le había dado a nuestro equipo de seis miembros muchos versículos sobre lluvia, agua y nubes. Aquí hay tres ejemplos:

¡Miren al Señor! Llega a Egipto montado sobre una nube ligera. Los ídolos de Egipto tiemblan en su presencia; el corazón de los egipcios desfallece en su interior (Isaías 19:1).

¡Destilen, cielos, desde lo alto! ¡Nubes, hagan llover justicia! ¡Que se abra la tierra de par en par! ¡Que brote la salvación! ¡Que crezca con ella la justicia! Yo, el Señor, lo he creado (Isaías 45:8).

Que regaré con agua la tierra sedienta, y con arroyos el suelo seco... (Isaías 44:3).

Al investigar el tema de Egipto, pronto nos dimos cuenta de que estaríamos enfrentándonos a sus raíces de francmasonería. Uno de los miembros de nuestro equipo, a quien llamaré Paul, había sido un masón de trigésimo tercer grado, así como su padre antes que él. Cuando Paul descubrió la verdad sobre la francmasonería, denunció su conexión con ella, rompió todos los lazos y se deshizo de todo lo que poseía que estuviera relacionado con eso. El Señor nos dijo que Paul sería el puntero del viaje. Dios lo usaría poderosamente.

Programamos un día para visitar las ruinas de un templo. Fue construido por el faraón que creíamos había sido uno de los iniciadores de las prácticas masónicas. Sabíamos que toda la adoración a ídolos e íconos perpetuada en esta región estaría representada aquí. Paul había estado en intercesión toda la noche y todo el día antes de llegar a este lugar. Alice y yo sabíamos que algo estratégico ocurriría en este sitio.

Cuando llegamos nos enteramos de que el lugar estaba cerrado porque estaban excavándolo. Gigi, nuestra guía, era una cristiana apasionada por Dios. Salió del vehículo y convenció a los obreros de que nos permitieran entrar.

Necesito hacer una pausa y mencionar un poco de información de trasfondo. Como yo tengo color de piel y de cabello similares a los de las mujeres egipcias, muchas personas creían que era egipcia. (En este viaje, recibí tres propuestas de matrimonio; ¡un hombre le ofreció a Alice mil camellos por mí!). Bien, en este lugar, mi "nueva identidad" fue útil. Era evidente que Gigi tenía problemas. Así que Alice me dijo que me sentara en el asiento delantero de la camioneta, que me quitara las gafas de sol y que les sonriera a los hombres que cuidaban la entrada al lugar. ¡Funcionó! Escondimos nuestro asombro, mientras ellos nos hacían pasar a hurtadillas.

Cuando entramos a las ruinas, quedamos boquiabiertos. A nuestro alrededor había obeliscos enormes, y en cada lado de estos obeliscos había jeroglíficos. Estos jeroglíficos incluían los símbolos masónicos que conocemos en la actualidad. Fuimos a la puerta de entrada del templo y comenzamos a orar. Gigi nos dijo que oráramos de prisa porque no podría evadir a los obreros por mucho más tiempo.

Paul hizo oraciones de arrepentimiento por identificación y denunció que la francmasonería era una sociedad secreta demoníaca. Alice luego le instruyó que desterrara el poder de la francmasonería del lugar y que cortara su poder sobre las otras naciones a las cuales se había extendido. Cuando Paul cortó el poder de la francmasonería, instantáneamente comenzó a llover. Estábamos emocionados y muchos de nosotros comenzamos a llorar. Gigi nos indicó que nos marcháramos deprisa porque los obreros comenzaban a perder la paciencia. Lo hicimos enseguida.

Cuando llegamos a la camioneta, nos preguntó:

–¿Comprenden el milagro en el que estamos?

Respondimos:

–Sí, el Señor nos dijo que vendría en las nubes, en la lluvia y en el agua, y así lo hizo.

Gigi nos dijo entonces:

–Tengo treinta y tres años; nací y me crié en Egipto. Estamos en el mes de octubre, en lo que se considera la temporada seca. Jamás en mi vida vi llover en Egipto en la temporada seca. Esto jamás había sucedido.

Estábamos todos perplejos.

Pues no solo llovió, ¡llovió mucho! Era una lluvia al estilo de las de Houston, Texas. Duró cuatro horas con vientos fuertes. Esa noche en la cena, el personal del hotel y del restaurante estaba viendo llover por la ventana. No sabían qué pensar.

Al marcharnos del restaurante esa noche, el gerente estaba parado junto a la puerta viendo llover. Le preguntamos qué pensaba sobre eso. Su respuesta nos dio pruebas de que Dios puede usar a cualquiera para confirmar sus planes. Este hombre no sabía quiénes éramos ni nos había conocido, pero nos miró de frente y nos respondió: "Llovió porque ustedes están aquí". Impávidos, los seis dimos vuelta en la esquina para irnos del restaurante y comenzamos inmediatamente a llorar otra vez.

La cantidad total de lluvia fue de cuarenta y cinco milímetros. La precipitación anual normal de esa parte del mundo es de veinticinco milímetros. Dios puede manifestar en el reino natural las brechas que se abrieron en el reino espiritual. ¿No es un Dios asombroso y milagroso?

14. *Libere los propósitos de Dios en la tierra.*

Hay algo llamado *restitución* que significa que oramos y liberamos lo opuesto al plan del enemigo en el terreno. Aquí hay algunas ilustraciones de cómo hacer eso.

Si hay muerte presente, hable de la vida a la región.
Si se enfrenta al miedo, hable con coraje, con poder, con amor y con una mente decidida.

Si el orgullo lo enfrenta, hable con humildad y con espíritu contrito.

Si la brujería está al mando, hable de libertad y de un espíritu sometido a Dios.

Si el racismo o el prejuicio son evidentes, hable de amor y de aceptación.

15. *Ore por que se restaure el don redentor de la tierra.*

El don de redención de Dios es el propósito original de la tierra antes de que una mala administración y de que los planes del enemigo robaran ese propósito. John Dawson explica esto en su libro *La reconquista de tu ciudad*:

> Creo que Dios tiene la intención de que la ciudad sea un lugar de refugio, un lugar de comunión y un lugar de liberación personal, así como sus ciudadanos practican una división del trabajo según sus dones únicos. Creo que nuestras ciudades tienen las marcas del propósito soberano de Dios. Nuestras ciudades contienen lo que yo llamo un don redentor.[2]

Greg y yo vivimos en Houston por diez años. Allí se concentra la medicina de Texas; varios de los médicos líderes del mundo trabajan en el hospital del centro. La ciudad también es un crisol de razas. Aquí viven personas de muchos países y orígenes étnicos. Muchos creen que esta ciudad tiene el don redentor de sanar y que también fue bendecida con una unción para traer sanidad a las naciones.

16. *Pídale al Señor salvación para las almas perdidas.*

Ore con audacia. Recuerde que esta es la meta máxima de la batalla espiritual.

17. *Agradezca al Señor por la victoria.*

Recuerde que Dios es quien recibe crédito por la victoria. Solo somos vasijas que Él escoge para asociarnos a Él en la intercesión. David es un buen ejemplo para seguir gracias a que derrotó a Goliat y a los filisteos en 1 Samuel 17:45-46:

David le contestó:

—Tú vienes contra mí con espada, lanza y jabalina, pero yo vengo a ti en el nombre del Señor Todopoderoso, el Dios de los ejércitos de Israel, a los que has desafiado. Hoy mismo el Señor te entregará en mis manos; y yo te mataré y te cortaré la cabeza. Hoy mismo echaré los cadáveres del ejército filisteo a las aves del cielo y a las fieras del campo, y todo el mundo sabrá que hay un Dios en Israel.

David no se llevó el crédito de la victoria; fíjese que dijo que el Señor le entregaba a los filisteos en sus manos.

18. *Continúe alabando y venerando.*

Alabe al Señor y venérelo. La alabanza es una de las armas más poderosas en la guerra. Abundan ejemplos de esto en Las Escrituras. Aquí hay uno:

Después de consultar con el pueblo, Josafat designó a los que irían al frente del ejército para cantar al Señor y alabar el esplendor de su santidad con el cántico: "Den gracias al Señor; su gran amor perdura para siempre". Tan pronto como empezaron a entonar este cántico de alabanza, el Señor puso emboscadas contra los amonitas, los moabitas y los del monte de Seír que habían venido contra Judá, y los derrotó.

2 Crónicas 20:21-22

19. *Y, finalmente, esté expectante.*

Ore con fervor, expectativa y fe. Aquel que lo llamó es fiel para cumplir sus promesas.

Exploremos lo esencial

1. ¿Tiene alguna historia para compartir sobre la oración en el lugar efectiva?
2. Hable sobre un momento en el cual oró por obediencia y no porque lo sintiera.

3. En la oración de guerra, oramos contra espíritus territoriales, no contra personas. ¿Por qué?

4. ¿Estuvo presente cuando un intercesor o un grupo oró contra una persona? Si estuvo involucrado en esta práctica, pídale al Señor que lo perdone. Ore por que los planes del enemigo sean derrotados en la vida de este individuo y por que el Señor comience a ablandar el corazón de esta persona para recibirlo a Él.

5. ¿Estuvo involucrado en un acto profético? ¿Cuáles fueron los resultados?

6. ¿Hizo proclamaciones proféticas sobre una persona, una situación o una ciudad? ¿Qué sucedió como resultado de la proclamación?

7. ¿Qué ve como el don redentor de su ciudad?

9

El contraataque

Cuando comencemos a avanzar en nuestra autoridad divina y declaramos la guerra contra las maquinaciones del enemigo, experimentaremos el contraataque. Un contraataque es una represalia, un ataque hecho en respuesta a otro. En el reino espiritual, la acción opuesta es un esfuerzo para impedir que se abra la brecha lograda a través de la guerra espiritual.

Tipos de contraataques

Si está en una situación en la que comienzan a surgir asuntos que son difíciles de abordar, contacte a sus intercesores de apoyo y pídales que aumenten la cobertura de oración. Es muy importante para los miembros del equipo tomar las decisiones correctas al enfrentarse a un contraataque. Recuerde que Satanás es el padre de las mentiras; él y sus secuaces no hablan la verdad. Aquí hay varios contraataques que su equipo puede enfrentar.

Desánimo y distracción

El desánimo puede afectar tanto a los individuos como al equipo. Funciona contra usted personalmente así. Al orar, comenzarán a inundar su mente pensamientos como: "Esa fue una oración terrible. Estoy desenfocado; eso no fue ungido". Cuando esto comience a suceder, no deje de orar. De hecho, no se concentre en eso ni lo reconozca. Este es un intento para que cesen las oraciones. Mantenga el foco en Dios y no permita que esto lo desmotive.

Los viajes de oración pueden ser agotadores mental, emocional, física y espiritualmente. A medida que el viaje avanza y que el equipo se cansa, el desánimo intentará afianzarse. Los días en los que las cosas no salen bien y se experimenta una fuerte resistencia, también pueden ser oportunidades para que el equipo se desanime. Podrían comenzar a surgir pensamientos y sentimientos que cuestionen la misión. Es entonces indispensable que se reagrupen. Una reunión de oración y alabanza con el equipo cimentará la fe y regresará el foco al Señor y a la misión en cuestión. Un líder de equipo debería alentar al resto e impartir fe para seguir adelante.

Las distracciones tampoco son infrecuentes. Cuando viajábamos por Egipto (esto sucedió el mismo día en que casi camino al círculo de las ametralladoras), tuvimos lo que más tarde denominamos un "día María". Le pedimos a María, nuestra guía, que nos llevara a la ciudad más antigua de esa parte de Egipto. Queríamos orar en la puerta antigua de entrada de esa área de la nación. Ella dijo que sabía exactamente adónde queríamos ir y que nos llevaría allí.

El día acabó siendo un desastre. María era cristiana copta, y el obispo de las iglesias cristianas coptas de Egipto vivía en esa zona. Ella nos llevó a la iglesia de él y nos dijo que necesitábamos estar allí. Luego nos preguntó si queríamos conocer al obispo; le dijimos que teníamos otros planes. María nos rogó que hiciéramos esto por ella porque había querido conocer a este obispo durante toda su vida.

Esperamos una hora para tener una reunión con este obispo que no hablaba inglés. Mientras él y María conversaban, un sacerdote que estaba visitando al obispo ese día entró a la habitación. Necesitaba que lo llevaran de regreso a su pueblo, y María rápidamente se ofreció a llevarlo. Pasamos las siguientes dos horas transportando al sacerdote a su pueblo y perdimos todo el día.

El equipo encontró desánimo y frustración porque jamás llegamos a la puerta antigua de entrada. Pero no nos enfadamos; no nos quejamos. Esa noche nos reagrupamos, nos enfocamos en Dios y pusimos la vista en el plan de oración para el siguiente día. De más está decir que no volvimos a solicitar que María fuera nuestra guía. Empleamos a un nuevo guía que nos llevó a los lugares que pedimos visitar.

Competencia, celos, acusaciones

"Amo el don de la intercesión y orar con intercesores –me dijo la mujer– ¡porque es una competencia grandiosa! Yo soy competitiva y amo recibir la palabra del Señor antes que cualquier otra persona. ¡Vamos, Becca! Tú también eres competitiva. De seguro que por eso oras e intercedes. ¡Porque quieres ser la primera en recibir la palabra del Señor!".

Estoy segura de que algunos lectores se asombrarán al leer esta cita. Pero nunca estarán tan sorprendidos, asombrados y afligidos como lo estuve yo cuando otra intercesora me lo dijo. Guarde su corazón de la competencia mientras esté en oración de guerra. Bendiga a otros cuando ore y ore en concordancia con los miembros del equipo. Tuve que corregir a esta intercesora y explicarle que la competencia no es nuestra motivación.

Los celos entre los miembros del equipo son perjudiciales para cualquier misión. Suelen ser el resultado de un espíritu competitivo o de un individuo que desea ser reconocido. El enemigo intentará frecuentemente despertar los celos. ¡No se deje llevar! Muchas veces vi a este espíritu operar, y no solo trae daño al individuo que lo acepta, sino también a los demás miembros del equipo. He visto los efectos adversos de este espíritu y cómo afectaba no solo las iniciativas de oración, sino también los ministerios.

Si siente que los celos surgen en un viaje de oración, no detenga al equipo para pedirle que ore por usted. Eso los distrae de la misión de oración y pone el foco en el enemigo. Ore en el espíritu opuesto pidiéndole a Dios que lo bendiga y que les dé más unción a los demás intercesores. En su propio tiempo con el Señor, más tarde, arrepiéntase de sus pensamientos y reproche a viva voz al espíritu de los celos. Recuerde que los demonios no pueden leer sus pensamientos; cuando se enfrente a uno, ¡hable en voz alta y con autoridad!

La acusación es otra herramienta que el enemigo usa para distraer a los intercesores de sus planes de oración. Él y sus cómplices hablarán mentiras a los intercesores acerca de otros miembros del equipo y del liderazgo del equipo. No retenga esos pensamientos y no los comparta con sus compañeros. Hablar sobre estos pensamientos abre la puerta a las habladurías y a la rebelión contra la autoridad.

¿Alguna vez fue a un restaurante, ordenó una comida, recibió su plato y se dio cuenta de que era el menú equivocado? Usted no ordenó esa comida. No la quiere. La regresa. Lo mismo sucede al tratarse de un espíritu de acusación. Hay camaradería entre los miembros del equipo. Es un ambiente libre de contiendas. Luego, de pronto, uno de los intercesores comienza a experimentar pensamientos negativos, mentiras y acusaciones sobre otro miembro del equipo y sobre el líder. ¡El intercesor no ordenó esos pensamientos ni los quiere! Haga lo que dije anteriormente: ore con el espíritu opuesto a este enemigo acusatorio. Si es necesario, sepárese y diga en susurros: "Le ordeno al espíritu de acusación que se marche, no me someteré a él". Luego reúnase con el grupo.

Desunión
Pablo escribe en 1 Corintios 1:10:

> *"Les suplico, hermanos, en el nombre de nuestro Señor Jesucristo, que todos vivan en armonía y que no haya divisiones entre ustedes, sino que se mantengan unidos en un mismo pensar y en un mismo propósito".*

Muchas actitudes y acciones pueden causar división en una iniciativa de oración de guerra, pero, si la desunión se vuelve un problema, ¡será mejor empacar y marcharse! Ningún batallón que avance a la guerra será exitoso si los soldados pelean entre ellos y no se concentran juntos en la tarea en cuestión. En una iniciativa de oración de guerra, hay que estar alerta y jugar en equipo. Recuerde lo que dije sobre la unidad del capítulo cuatro. El equipo firmó un pacto; escojan caminar unidos.

La tentación del botín de la profanación

Josué 7 describe el pecado de Acán y las consecuencias de ese pecado. Aprendemos una gran verdad sobre la guerra por medio de este incidente. Cuando los israelitas destruyeron Jericó, Acán tomó el botín para su ganancia personal. El resultado fue la derrota de Israel en Hai y la muerte de Acán y sus hijos.

Cuando participe de la oración de guerra, jamás se lleve nada del terreno. He visto miembros del equipo intentar llevarse rocas o cualquier otro recuerdo del territorio como símbolo de la batalla y de la victoria. Esto abre la puerta para que el enemigo ataque. Los demonios pueden adherirse a objetos inanimados. Si algo es quitado de la tierra donde sucedió la guerra, entonces los demonios que fueron expulsados de la tierra intentarán adherirse a ese objeto.

Nunca se lleve a casa un objeto que tenga un espíritu territorial, un demonio, un dios o una diosa representado sobre él. Estos objetos simbolizan las prácticas demoníacas o la adoración idólatra. Debemos mantener nuestros hogares espiritualmente limpios. Estos objetos son una gran puerta abierta para el contraataque, al regresar a casa de la iniciativa de oración.

Represalia en el territorio doméstico

Los contraataques no solo suceden en el campo de batalla, también se darán lugar en su territorio. Aunque se haya obtenido la victoria de la batalla, el enemigo no olvidará su derrota. Querrá oponerse al plan de Dios para acosar a aquellos que trajeron humillación y destrucción a sus huestes. Barbara Wentroble explica el contragolpe en *Prophetic Intercession* (Intercesión Profética):

El enemigo no detiene sus maniobras para interferir con la voluntad de Dios solo porque experimentamos una victoria. Es testarudo en su búsqueda por detener el plan de Dios. Por eso, incurre en una actividad generalmente conocida como "contragolpe". Una de las definiciones de Webster's de "contragolpe" es "un golpe rápido y agudo". Considerando el hecho de que el enemigo es comparado con una serpiente o víbora, podemos comprender esta definición. Una serpiente golpeará e intentará atacar un objetivo al que considere su enemigo. Satanás hace lo mismo en la guerra espiritual. Muchas veces en la guerra espiritual, golpeará e intentará atacar otra vez después de que los enviados de Dios hayan obtenido la victoria.[1]

Es sumamente vital que los intercesores de apoyo continúen cubriendo al equipo y a sus familiares por al menos cuatro semanas después de una iniciativa de oración. Los miembros del equipo también deberían seguir pasando tiempo de calidad en la presencia del Señor después de una época de guerra espiritual. Guarde su corazón del orgullo. Dele a Dios la gloria de la victoria. Somos sus vasijas; Él es quien permitió que se obtuviera la victoria.

Glorificar al enemigo

Una última palabra sobre los contraataques: no se debe hablar excesivamente de ellos. Es aceptable compartir información sobre los contraataques con otros intercesores para aumentar la cobertura de oración. Sin embargo, no es aceptable hablar continuamente sobre el contragolpe del enemigo.

Mateo 12:34 dice: *"De la abundancia del corazón habla la boca"*. He participado de equipos donde se hablaba más de los intentos del enemigo de frustrar la victoria que del plan del Señor. ¿Por qué nos enfocamos en la oscuridad en lugar de hacerlo en Dios? Somos llamados a glorificar al Padre, no a los ardides de los espíritus de la oscuridad. Si nos concentramos en los intentos de Satanás por frustrar la victoria, estaremos glorificándolo a él y no a Dios. No solo estará desbalanceado nuestro foco, sino que también abriremos la puerta a posteriores represalias. ¡Yo escojo alabar al Rey de reyes, al Señor de los señores! Él es el único digno de nuestras alabanzas.

Exploremos lo esencial

1. ¿Ha habido algún momento cuando el enemigo contraatacó en su vida? ¿Qué sucedió? ¿Cómo se mantuvo usted de pie?
2. ¿Usted pugna con la distracción, el desánimo o los celos? Arrepiéntase de esos asuntos. Pídale a Dios que abra una brecha.
3. Describa un momento cuando logró vencer el desánimo. Agradezca al Señor la victoria que Él le dio en esa situación.
4. Describa un momento cuando superó la competencia y los celos. Agradézcale al Señor la victoria en esa situación. Si usted aún batalla contra estos pensamientos, arrepiéntase y pídale a Dios que lo ayude a cambiar.
5. ¿Cómo nos enfrentamos a la acusación?
6. Hable sobre un momento cuando enfrentó exitosamente un espíritu de acusación.
7. ¿Tiene uno o más artículos en su casa que pueden considerarse botines de la profanación? Si respondió que sí, ¡quiebre los lazos con ese objeto y deshágase de él!
8. ¿Cómo evitamos glorificar al enemigo?

10

¡Se abre una brecha!

Ha completado su misión: ¡espere ver una brecha abierta! He mencionado la palabra brecha a lo largo de todo libro, pero no he dado una definición específica. El *Diccionario Webster's* nos dice que *brecha* es un golpe ofensivo que penetra una línea defensiva en la guerra, un progreso repentino y muy importante contra la resistencia. Cuando se haya llevado a cabo una guerra espiritual de nivel estratégico, comenzarán a emerger informes de brechas abiertas –evidencia asombrosa y alentadora de las batallas ganadas en los cielos–. En *The Breaker Anointing* (La unción del que abre brecha), Barbara Yoder explica los efectos populares de las brechas:

> Es una unción que afecta a individuos, iglesias y ciudades. Cuando la unción del que abre brecha llega a una zona, hay cambios no solo en los individuos, sino también en las iglesias, en la estructura socio-política y en el sistema de creencias de la ciudad.[1]

Miqueas 2:13 dice: "*El que abre brecha marchará al frente, y también ellos se abrirán camino; atravesarán la puerta y se irán, mientras su rey avanza al frente, mientras el Señor va a la cabeza*". Ver cómo el Señor avanza en una región y cómo se transforman las vidas es asombroso y emocionante.

¡Esto es abrir una brecha!

Muchas veces, cuando avanzamos en la oración de guerra de nivel estratégico, la brecha se manifestará inmediatamente mientras oramos. Otras veces, sucede después. En cualquier caso, el cambio y la salvación comienzan a florecer.

He compartido muchas historias de aperturas de brechas en capítulos anteriores. Quisiera cerrar con tres historias más que muestran los diferentes aspectos de las brechas.

Un asesino serial apresado

En la ciudad de Houston, había un asesino serial suelto. Había asesinado a cuatro individuos, y la Policía no tenía pistas. Los espíritus de miedo y de muerte comenzaban a apoderarse de la ciudad.

Durante una reunión de oración en la iglesia una noche, nos concentramos en la captura del asesino serial. Comenzamos a orar por que la Policía fuera guiada sobrenaturalmente al asesino. Oramos por que el miedo y la muerte no tuvieran acceso a la ciudad. Declaramos que este terror terminara y por que fuera atrapado *esa noche*.

Cuando llegué a casa, encendí el televisor deprisa para escuchar las últimas noticias de la hora pico. Escuché que el reportero decía que la Policía había recibido una llamada que la guió al asesino y que lo habían arrestado. La Policía había recibido el llamado exactamente en el momento en el cual habíamos estado orando. ¡Esto es abrir una brecha!

Rusia mantiene la libertad de culto

He mencionado varias veces el viaje de oración a Rusia. Avanzamos en un momento estratégico. La Iglesia ortodoxa rusa se considera la única religión verdadera que asegura la salvación. El obispo de toda la Iglesia ortodoxa rusa estaba en proceso de convencer al presidente ruso Putin de prohibir todas las demás religiones y de promulgar una ley que hiciera que asistir a cualquier otra iglesia fuera ilegal.

En muchos de las lugares donde oramos, el Señor nos transmitía esta declaración profética: "¡Libertad!". Fuimos obedientes y lo decretamos sobre el territorio. A la vez que nosotros orábamos, habían varios equipos más en Rusia participando de la oración de guerra. Varias semanas después de regresar a casa, el presidente Bush habló con el presidente Putin y lo convenció de no promulgar esa ley. Rusia aún tiene que progresar mucho en lo que a la libertad religiosa se refiere, pero las religiones no ortodoxas actualmente tienen permiso legal para llevar a cabo sus cultos en ese país. La libertad de culto aún está presente en Rusia. ¡Esto es abrir una brecha!

El Papa pide perdón por la violencia

¿Recuerda la historia de Santa María la Mayor del capítulo dos? El derramamiento de sangre de hombres y mujeres judíos durante las Cruzadas y el Holocausto fueron parte del foco de nuestras oraciones en este viaje a Roma. Unos cinco meses después de regresar a casa, Greg estaba viendo las noticias y me pidió que fuera a ver deprisa. Al acercarme al televisor, vi que el papa Juan Pablo hablaba. Estaba arrepintiéndose y pidiendo perdón por el uso de violencia y por las actitudes de desconfianza y de oposición hacia los seguidores de otras religiones, incluyendo la raza judía. Incluso le pidió al Señor que tuviera misericordia por estos pecados. Al hacer esto, el Papa estaba oponiéndose abiertamente al dogma católico romano sobre la infalibilidad de un papa, ya que se identificó con las decisiones y las acciones dañinas de anteriores papas. ¡Esto es abrir una brecha!

Aceptar el llamamiento

Hablando por medio del profeta Oseas, el Señor declara: "... *por falta de conocimiento mi pueblo ha sido destruido*" (Oseas 4:6). En todo el mundo, hombres, mujeres y niños están atrapados en la oscuridad espiritual. Como Iglesia y Novia de Cristo, somos llamados por Dios a avanzar, a iniciar la guerra, a reclamar el territorio y a liberar a los cautivos. Sí, nosotros somos la Novia, y Cristo es el Novio. ¡Qué humillante para Satanás ver una Novia incompleta asociada con Dios para derrotar fortalezas malignas sobre los territorios!

"Sí, les he dado autoridad a ustedes para pisotear serpientes y escorpiones y vencer todo el poder del enemigo; nada les podrá hacer daño" (Lucas 10:19). Jesús nos llamó a caminar por la autoridad que Dios nos dio, pisoteando principados y poderes. Salmo 44:5 declara: *"Por ti derrotamos a nuestros enemigos; en tu nombre aplastamos a nuestros agresores"*. Jesús murió en la cruz para traer salvación a un mundo agonizante y para derrotar los intentos de Satanás de reclamar la Tierra como propia. Es en el nombre de Jesús que avanzamos para derrotar toda clase de entidad oscura y demoníaca. Es en su nombre que pisoteamos serpientes y escorpiones.

Quizá Dios está llamándolo a usted para que ore por su vecindario. Quizá se le indica que ore por su ciudad. Algunos de ustedes serán llamados a las naciones. Aceptemos el llamado a la oración de guerra espiritual de nivel estratégico. Avancemos, tomemos el terreno y triunfemos en victoria. Caminemos seguros de que tenemos autoridad para pisotear.

Exploremos lo esencial

1. Describa un momento en el cual se vio involucrado en la apertura de una brecha que condujo a cambios en las vidas de individuos, en situaciones, en su iglesia, en su vecindario, en su ciudad, en su estado o en una nación. Agradezca al Señor esa brecha y esa transformación.

2. *Ore esta oración de cierre:*

Padre, agradezco tu fidelidad para conmigo, para con los pueblos y para con los terrenos de la Tierra. Te agradezco por haberme llamado a ser tu socio en la intercesión. Es un honor y un privilegio llevar a cabo las cargas y las misiones de oración que me has asignado. Padre, te pido que reveles los territorios que me has adjudicado. Dime el plan de oración que tienes para mí. Padre, dame oídos para oír y ojos para ver lo que tú me dices en esta temporada. Dame tu corazón para mi vecindario, ciudad, estado y nación. Señor, ruego por las naciones de la Tierra. Declaro que todas las maquinaciones del enemigo serán expuestas, saqueadas y destruidas. Señor, profeso aceptar tu plan para mi vida y para mi territorio. Háblame, y avanzaré en obediencia. Señor, ayúdame a permanecer puro ante ti. Aléjame de la tentación y ayúdame a llevar una vida de santidad. Ansío que me hables. Gracias por el privilegio de avanzar. Te doy el honor, la gloria y la alabanza a ti. En el nombre de Jesús. Amén.

APÉNDICE A

ﾟ⁣⁀⁣

Pacto pastoral/eclesiástico
para los participantes de un viaje de oración

Un miembro de su congregación, _____ ,
solicitó participar de un viaje de oración a _____ .
La iglesia o ministerio que coordina el viaje es: _____ .
La persona de contacto es: _____

Los participantes son patrocinados por iglesias, fondos personales y diferentes ministerios paraeclesiásticos.

Como parte del entrenamiento y del equipamiento para el viaje de oración, cada participante debe suministrar una recomendación de su pastor o consejero espiritual. Los viajes de oración involucran la guerra de nivel estratégico y es importante que los intercesores participantes tengan una cobertura espiritual apropiada. Esta recomendación le asegura al liderazgo del equipo que este participante está bajo la autoridad de un pastor. Cada participante también debe movilizar una cobertura de oración local. Solicitamos que la iglesia que lo respalda también suministre cobertura de oración al intercesor.

Su iglesia o ministerio y el personal están exentos de toda responsabilidad por accidentes, enfermedades o muerte del participante durante este viaje.

Información pastoral

Soy consciente de que _____
solicitó participar de un viaje de oración a _____

He conocido a esta persona por _____ años. Reconozco que el carácter, la madurez y las circunstancias de vida de esta persona son adecuadas para que yo lo/a recomiende para participar en un viaje de oración. Me comprometo a cubrirlo/a con oración durante el viaje de oración.

(Si no puede recomendar a este individuo, se apreciará que adjunte una explicación).

Nombre del pastor: _____

Nombre de la iglesia: _____

Ciudad y estado: _____ C.P.: _____

Teléfono: (_____) _____

Fax: (_____) _____

Correo electrónico: _____

Firma del pastor: _____

Fecha: _____

Nota: Este formulario es solo una sugerencia y no pretende ser un documento legal. Si tiene alguna pregunta legal, consulte con un abogado.

Adaptado de *Intercessors and Pastors* (Intercesores y pastores) de Eddie y Alice Smith, Houston: SpiriTruth Publishing, 2000, p. 168. Usado con permiso. Disponible en www.prayerbookstore.com.

APÉNDICE B

⌖

Pacto de equipo para los participantes de un viaje de oración

Nos comprometemos a servir a Cristo juntos durante una temporada especial de trabajo de intercesión. Deseamos, personal y colectivamente, mantener los siguientes valores a lo largo de nuestro cometido:

- Honrarnos mutuamente, recordando que Dios nos creó diferentes y nos dio dones distintos según su propósito.
- Aportar unidad al equipo por medio de dedicar tiempo a estar con el Señor para renovarnos, apoyándonos y ministrándonos unos a otros, disfrutando de nuestra presencia, resolviendo diferencias personales y perdonándonos unos a otros como Él nos ha perdonado, para no darle a Satanás punto de apoyo.
- Someternos a la autoridad de nuestro líder, a quien Dios designó para estar a nuestra cabeza.
- Esforzarnos por ser fieles a la tarea preparándonos espiritual, mental y físicamente; por perseguir una actitud de servicio para con las personas del terreno por el cual oraremos y unos para con otros; y por esforzarnos por ser servidores fieles, como Dios lo indica, durante este periodo y en el futuro.
- Recordar que nuestro propósito primario son las almas perdidas y el Reino de Dios. *"El Señor no tarda en cumplir*

su promesa, según entienden algunos la tardanza. Más bien, él tiene paciencia con ustedes, porque no quiere que nadie perezca sino que todos se arrepientan" (2 Pedro 3:9).

Fecha de la firma:

Nombres de los miembros del equipo y sus firmas:
1.
2.
3.
4.
5.
6.
7.
8.
9.

Cláusula de responsabilidad

Al firmar este documento declaro asumir responsabilidad legal y civil de cualquier lesión, pérdida o inconveniente que me suceda mientras participo del viaje de oración a.
No hago responsables al ministerio a cargo del viaje de oración, a su personal, al liderazgo del equipo, a mi pastor ni a mi iglesia de cualquier daño que pueda sucederme durante el viaje.

Fecha de la firma:
Firma y aclaración del miembro del equipo:

Nota: Este formulario es sólo una sugerencia y no pretende ser un documento legal. Si tiene alguna pregunta legal, consulte con un abogado.

Adaptado de Intercessors and Pastors [Intercesores y pastores] de Eddie y Alice Smith (Houston: SpiriTruth Publishing, 2000), 169. Usado con permiso. Disponible en www.prayerbookstore.com.

APÉNDICE C

❧

Información personal de los participantes del viaje de oración

Fecha: _____ Plazo para entregar este formulario:

Por favor escriba su nombre como aparece en su pasaporte.

Nombre: _____

(apellido, nombre, segundo nombre)

Nombre informal: _____
Título (por favor señale con un círculo): Sr. Sra. Srta. Rev. Dr.
Domicilio particular: _____
Ciudad: _____ Estado: _____
Código Postal: _____
Teléfono particular: (_____)
Teléfono laboral: (_____)
Ocupación: _____
Número del seguro social: _____/_____/_____ Sexo: ☐ M ☐ F
Nacionalidad: _____
Número de pasaporte: _____
Fecha de vencimiento: _____/_____/_____

Información familiar

Estado civil (por favor señale con un círculo):
Soltero/a Comprometido/a Casado/a Divorciado/a Separado/a
Nombre del cónyuge: ....
Nombres y edades de los hijos: ....
....
....
....

Salud/Seguro

¿Considera que su salud es ☐ buena ☐ promedio o ☐ mala?
Por favor describa cualquier discapacidad física: ....
....
....

¿Esta discapacidad presenta limitaciones físicas que puedan
impedir su participación del viaje de oración?.............. ¿De qué
forma?
....

¿Actualmente toma algún medicamento prescrito? ....
Si respondió "sí", por favor explíquese.
....

¿Es alérgico a algún medicamento? .... Si respondió
"sí", ¿a cuáles?

¿Tiene alguna otra alergia? .... Si respondió "sí",
¿cuáles?..
....

¿Tiene seguro de salud? ....
   Compañía: .... Teléfono:
   Número de póliza: ....¿Su seguro cu-
bre emergencias internacionales? ....

Contacto de emergencia

Nombre: _____ Relación: _____
Domicilio: _____
Ciudad: _____ Estado: _____ Código Postal: _____
Teléfono: (_____)_____
E-mail: _____

Trasfondo espiritual

Describa brevemente cuándo y cómo conoció a Cristo personalmente.

_____
_____
_____

¿Cómo describiría su relación con el Señor durante el último año?

☐ Estancada ☐ Desierta ☐ Tiempo de aprendizaje
☐ En crecimiento ☐ Íntima ☐ Excelente

Describa su participación en actividades de su iglesia o ministerio.

_____
_____
_____

Marque cualquiera de las siguientes áreas con las que *actualmente* lucha o donde siente que el enemigo *podría* haber establecido un fortaleza en su vida.

☐ dilación	☐ holgazanería	☐ miedo(s)	☐ incredulidad
☐ mentiras	☐ prejuicio	☐ lujuria	☐ fobias
☐ ira	☐ control	☐ adulterio	☐ rebelión
☐ mal genio	☐ pornografía	☐ ansiedad	☐ fatiga crónica

☐ orgullo ☐ espíritu crítico ☐ enfermedad crónica ☐ autocompasión
☐ rechazo ☐ enfado ☐ falta de valor ☐ adicción
☐ celos ☐ pesadillas

Participación en el ministerio (marque todas las que se aplican a usted):

☐ Sé cómo llevar a alguien a Cristo.

☐ Participé de un equipo de liberación.

☐ Participé de viaje(s) de oración de guerra. Por favor describa dónde y cuando:

_____

_____

_____

_____

☐ Participé de viaje(s) misionero(s). Por favor describa dónde y cuando:

_____

_____

_____

_____

☐ Fui entrenado en oración intercesora.

☐ Estoy involucrado en grupos semanales de estudio bíblico o de oración.

Escriba las fortalezas de su ministerio, sus dones espirituales o las habilidades que podrían ser útiles en un viaje de oración. (¿El Señor lo usa, por ejemplo, para hacer milagros, cantar, tocar un instrumento, discernir, sanar, evangelizar, demostrar misericordia?).

_____

_____

_____

_____

¿Por qué quiere formar parte de un viaje de oración?

Describa su nivel de experiencia en el área de la guerra espiritual. ¿Y de la oración intercesora? ¿Qué entrenamiento recibió?

Describa su experiencia intercultural. ¿Viajó a otros países y visitó otras culturas?

¿Qué libros sobre oración leyó en los últimos cinco años?

¿Qué libros sobre guerra espiritual o mapeo espiritual leyó en los últimos cinco años?

Explique qué entiende usted por guerra espiritual. ¿Cuál es su opinión sobre las fortalezas demoníacas? ¿Qué autoridad cree que tienen los cristianos para desplazarlos?

Describa brevemente una experiencia de guerra espiritual que tuvo. ¿Fue victorioso?

Relaciones

¿Se considera un jugador en equipo?
Si no, ¿por qué?

Explique cualquier dificultad que pueda tener con otros cristianos cuyos puntos de vista doctrinales difieren de los suyos.

¿Le resulta difícil seguir instrucciones?_____Si respondió "sí", por favor explíquese.

_____

_____

¿Seguiría el liderazgo de una mujer?_____
Si el equipo viaja, se esperará que usted se quede con el equipo. No se permitirán viajes individuales, como visitar amigos, otros ministerios, *tours*. ¿Puede aceptar esta política sin reservas?
☐ sí   ☐ no

Firma: _____ Fecha: _____

Nota: Este formulario es sólo una sugerencia y no pretende ser un documento legal. Si tiene alguna pregunta legal, consulte con un abogado.

Adaptado de Intercessors and Pastors [Intercesores y pastores] de Eddie y Alice Smith (Houston: SpiriTruth Publishing, 2000), 170-172. Usado con permiso. Disponible en www.prayerbookstore.com.

APÉNDICE D

～◌○ふ～

Informe del viaje de oración
a Rusia y Ucrania

A continuación, el informe del viaje de oración de guerra a Rusia y Ucrania que lideré en septiembre de 2001. Lo incluí en este libro como ejemplo de cómo documentar un viaje de oración. Es bueno producir un reporte así lo antes posible al regresar del viaje. Esto ayudará a mantener los hechos claros en su mente, en especial si está preparando un informe para su pastor o para un ministerio patrocinador.

Informe del viaje de oración
Rusia/Ucrania 2001
Líder del equipo: Becca Greenwood

El equipo del viaje de oración estaba formado por nueve miembros: Becca Greenwood, 34; Greg Greenwood, 35; Nan Grys, 55; Jonathan Davis, 27; Chad Chmelar, 26; Patsy Chmelar, 53; Darla Ryden, 39; Venetia Nelms, 39; Chris Walden, 29.

Estos participantes fueron seleccionados porque mantenemos relaciones antiguas, por su profundidad espiritual y como resultado de la oración. También, un par de miembros solicitó venir para poder recibir entrenamiento en la guerra espiritual. Yo sentí que el equipo era increíble. Hubo mucha unidad, y con gusto volvería a llevar conmigo a cualquiera de los participantes.

Información de investigación

Cuando comenzamos nuestra investigación, nos resultó obvio que el Señor nos indicaba que oráramos en Nóvgorod, Rusia, y en Kiev, Ucrania. Estas dos ciudades son las más antiguas en la historia rusa. Tienen mucho peso y significado en la historia de Rusia y de Ucrania, y tienen conexiones espirituales muy fuertes.

Los antiguos pobladores de Rusia, los eslavos, los escitas y los tripilianos, habitaban estas zonas y estaban inmersos en prácticas paganas y ocultas. Adoraban a Volos, a Perun, a Mokosha, a Svarog, a Divanna, a Kupala y a Zeus, así como a muchos otros dioses menores. Estos grupos tribales hacían sacrificios humanos a estos dioses regularmente. Muchos niños de otros grupos tribales eran secuestrados y sacrificados brutalmente para los dioses. Se les decía a los niños de todas las tribus que, si no eran obedientes, serían llevados ante Zeus.

El grupo tribal más antiguo que el Señor nos señaló fue la cultura tripiliana. Se cree que habitaron la región geográfica que conocemos como Ucrania hace miles de años; algunos libros indican que fue hace siete mil años. Toda su existencia estaba entrelazada con la adoración a la Gran Madre Tierra Húmeda. También se la veneraba bajo los nombres Kupala y Divanna, más conocida como Diana. El Dnieper, el Don y el Danubio son ríos en Ucrania y en Rusia que reciben su nombre de esta diosa.

Nos enfrentamos a ella en Ucrania; los lugares donde ella era venerada están bien documentados. Uno de ellos es un monte llamado Monte Devich, donde solo las vírgenes podían subir. Durante el mes de septiembre, una sacerdotisa y nueve vírgenes trepaban el monte y realizaban rituales y sacrificios a Divanna. En el centro, había una silueta de la diosa y a su alrededor había nueve nichos donde cada virgen llevaba a cabo su adoración a esta diosa en simultáneo. Nuestro equipo consistía en nueve miembros, algo que Dios usó como símbolo profético. Hablaré más de esto cuando comparta sobre la oración en Kiev. Muchos de los cultos paganos involucraban sacrificios de sangre. En esta área, también se adoraba a Zeus.

En esta montaña, al nacer, se le asignaba a cada mujer una diosa patrona. Como resultado, las mujeres en el hogar eran adoradas por los hombres como deidades. Descubrimos que había un grupo *New Age* bajo el liderazgo de un hombre llamado Oles Berdnyk. El nombre de este grupo es La República Espiritual Ucraniana. Hacen cultos en este monte e intentan reinstituir la adoración a esta diosa y todas sus prácticas antiguas de alabanza. Solicitan a personas con sangre eslava en todo el mundo que vayan y encuentren la iluminación espiritual de sus ancestros. Hacen tres visitas al año y llevan a las personas a los lugares más "sagrados" de iluminación bajo la adoración a la Gran Madre Tierra Húmeda: Divanna.

En el siglo IX, estas tribus declararon que no había orden o gobierno en su tierra y le pidieron a Rurik, un vikingo, que viniera a gobernar. Él aceptó. Es un ancestro de Vladimir, el famoso gobernante conocido por "cristianizar" Rusia por medio del bautismo forzado. Los vikingos adoraron a todos los dioses que estaban establecidos en este territorio y también trajeron algunos propios. Vladimir adoró a todos estos dioses y participó en la práctica de sacrificar seres humanos. En especial, estuvo involucrado en la adoración a Perun y a Mokosha.

En el año 988 d. C., Vladimir decidió aceptar la fe de la Iglesia ortodoxa sometiéndose al bautismo. Tomó esta decisión por razones políticas. Deseaba casarse con una princesa bizantina, y la familia real aceptaría solo si Vladimir accedía a bautizarse como ortodoxo. Esto también produjo relaciones pacíficas entre ambos imperios.

Después de su matrimonio, Vladimir exigió que todos los ciudadanos de Kiev y de Nóvgorod fueran bautizados. Si los ciudadanos se negaban, quemaba sus hogares y posesiones. Si esto no funcionaba, los mataba. En Nóvgorod el río Volga estaba repleto de sangre y de cadáveres. El Volga tiene ochocientos metros de ancho, y se dice que se podía atravesar el río de orilla a orilla caminado sobre los cuerpos. Desafortunadamente, no recibimos el máximo detalle de esta información hasta llegar a Kiev. Asumimos que jamás lo habríamos descubierto en nuestra investigación porque los sacerdotes ortodoxos escribieron la mayor parte de la historia temprana de Nóvgorod y de Kiev, y ellos sabían que el bautismo forzado le echaba una luz negativa a la Iglesia.

Sentimos que había alguna clase de problema con el agua, mientras estábamos en Nóvgorod. Oramos en el río y vertimos aceite de unción en el Volga pidiéndole a Dios que purificara el agua del derramamiento de sangre y de la profanación. Lo hicimos sin tener conocimiento de las muertes horribles asociadas con el río.

Vladimir destruyó todos los ídolos paganos, pero la gente simplemente reemplazó sus dioses con profetas y santos bíblicos. Perun se convirtió en Elías, por ejemplo, Mokosha se convirtió en María/Sofía, Volos se convirtió en San Blas. Los rusos no querían estar sujetos a la autoridad de la Iglesia griega ortodoxa, así que cambiaron un poco la doctrina para formar su propia religión. El resultado fue la formación de la Iglesia ortodoxa rusa.

Nóvgorod

Antes de comenzar el viaje de oración a Nóvgorod y Kiev, el equipo asistió a una conferencia llamada "Ejército de Gedeón II", presentada por los ministerios Global Harvest. El foco de esta conferencia era abrir brechas en las naciones europeas en la ventana 40/70.

Uno de los intercesores del equipo recibió guía antes de que partiéramos para Alemania. El Señor le pidió que comprara llaves, aceite de unción y semillas de mostaza para el equipo. Dios indicó que debíamos plantar nuestras llaves en lugares estratégicos. Estas llaves serían ungidas con aceite y enterradas con semillas de mostaza. Esto se haría como un acto profético que decretaba que Dios estaba abriendo puertas en Rusia y en Ucrania con su unción y que, como resultado, comenzarían a cosecharse almas. En el último servicio de "Ejército de Gedeón II", uno de los líderes intercesores dijo palabras proféticas a los equipos que se embarcarían en viajes de oración: "Dios les ha dado las llaves para abrir sus propósitos en la ventana 40/70". Estas palabras fueron confirmación de que estábamos en el camino correcto y de que veríamos brechas abiertas como resultado de nuestras oraciones.

Después de dejar "Ejército de Gedeón II", volamos a San Petersburgo y pasamos la noche allí antes de salir hacia Nóvgorod. Venetia Nelms, uno de los miembros del equipo, no pudo dormir esa noche. Decía que estaba siendo atacada por el miedo, pero sabía que el enemigo quería impedirle que orara. Se levantó a orar, y en su espíritu comenzó a surgir cierta canción de alabanza y adoración. El Señor le dijo que leyera los Salmos 105 y 108. Ella leyó Salmo 105:1-15, 39-45. Habla de que Dios envía a personas, a pocas en número, a las naciones; nadie tiene permitido oprimir o tocar a los profetas. El versículo 39 también habla de que Dios los cubrió con una nube. El capítulo continúa diciendo que *"les entregó las tierras que poseían las naciones"* (v. 44). El Señor le recordó a Venetia que estaba leyendo esto el 5 de octubre (10/5, según la notación en inglés).

Ella sintió que esta era la promesa de Dios para el equipo cuando nos disponíamos a entrar en guerra. El Señor le indicó que leyera el Salmo 108. Los dos últimos versículos de este capítulo eran las palabras exactas de la canción de alabanza que el Señor había depositado en el espíritu de Venetia cuando había despertado. El versículo 13 dice: *"Con Dios obtendremos la victoria; ¡él pisoteará a nuestros enemigos!"*.

La noche siguiente, el equipo se reunió, y Venetia compartió esta información. Chris Walden, otro miembro del equipo, se emocionó. Dijo que el Señor le había indicado que leyera los Salmos 106 y 107 esa misma noche. Nos dimos cuenta de que todos esos números, 105, 106, 107 y 108, eran las mismas fechas en que viajaríamos, oraríamos y abandonaríamos Nóvgorod (10/5, 10/6, 10/7, 10/8, según la notación en inglés). ¡Sabíamos que teníamos las órdenes para esos cuatro días! Mientras estuvimos en Nóvgorod, el cielo se nublaba cada vez que comenzábamos la oración de guerra. Después de orar y de que se abriera una brecha, las nubes se disipaban, y el sol comenzaba a aparecer. ¡La promesa de Salmo 105:39!

Llegamos a Nóvgorod, Rusia, el 5 de octubre y comenzamos a orar el 6 de octubre. Ese día el Señor nos suministró a la guía de habla inglesa más informada de Nóvgorod, Galina. Ella no era creyente, pero nos ayudó muchísimo. Estaba asombrada de nuestro conocimiento de la historia de Nóvgorod y de Kiev, y el Señor la usó para darnos conocimientos claves. Uno de los hechos histórico-espirituales más importantes que compartió con el equipo fue que Nóvgorod es el padre de toda la historia rusa y que Kiev es la madre de toda la historia de Rusia. Esto fue una confirmación de que definitivamente estaríamos batallando en las dos ciudades clave. La apreciamos mucho.

La gente de Nóvgorod adora a Santa Sofía y a "Nuestra Señora de la señal". Ellos consideran que "la señora" es la guardiana de Nóvgorod y le atribuyen la gloria por su salvación y crecimiento. La historia de esta tierra está repleta de guerras y de batallas. Después de la invasión nazi durante la Segunda Guerra Mundial, solo quedaron con vida cuarenta y dos ciudadanos originarios de Nóvgorod. Hubieron muchas otras batallas y guerras sangrientas a lo largo de la Historia. Este es un signo evidente de que hay una guerra muy fuerte por parte de la reina del cielo. Es obvio que todos los sacrificios humanos hechos en honor a ella y a Perun fueron la puerta abierta que dejó entrar toda esta guerra y este trauma. Y, a pesar de todo, el pueblo de Nóvgorod le da a ella la gloria por su supervivencia.

Oramos en dos lugares ese día. El más significativo fue el lugar llamado Perun Skete, que es el lugar donde se adoraba a Perun ¡mil años antes de Cristo! En ese lugar, se llevaban a cabo sacrificios humanos. La Iglesia ortodoxa construyó más tarde un monasterio y una iglesia dedicados a "Nuestra Señora de la señal" en el montículo mortuorio de los niños, hombres y mujeres sacrificados para el dios pagano Perun.

Cuando llegamos, un sacerdote nos contó la historia del lugar. Estaba orgulloso del hecho de que se adorara a Perun en esta tierra y de que la iglesia de "Nuestra Señora de la señal" estuviera construida sobre el montículo mortuorio. ¡También nos dijo que querían construir un convento en ese lugar para intentar hacer que la adoración a Perun fuera más activa en el futuro!

Después de la lección de Historia, preguntamos si podíamos visitar el lugar solos. El sacerdote y Galina aceptaron con gusto. Antes de dejar la iglesia, Greg y Darla Ryden apagaron las velas que los devotos encienden para adorar a "Nuestra Señora" y a María. Luego caminamos en dirección al lugar donde se llevaban a cabo los sacrificios a Perun. Al cruzar el campo, el aire comenzó a llenarse con un gemido grave y, al acercarnos al bosque, el quejido se convirtió en un grito demoníaco agudo. Esto duró, sin interrupciones, de uno a dos minutos. Era humanamente imposible producir ese sonido.

Todos los miembros del equipo lo escuchamos excepto Greg, que caminaba a la cabeza del equipo completamente concentrado en el lugar. Cuanto más se acercaba él al bosque, más fuerte se oía el grito. ¡De más está decir que, cuando nos adentramos en el bosque, estábamos listos para orar! Quebramos el poder de los sacrificios de sangre en honor a Perun y a Mokosha, más aún, quebramos su poder sobre el terreno y la gente, y le pedimos a Dios que limpiara el terreno. Ungimos una de las llaves con aceite y la enterramos junto con semillas de mostaza. Construimos un altar para el Señor sobre ellas mientras lo adorábamos a Él y leíamos el Salmo 106, haciendo hincapié en los versículos del 34 al 48. Proclamamos que este lugar no sería entregado a un convento para la adoración a la reina del cielo.

Al salir oramos alrededor de la iglesia, ungimos el suelo y la puerta de la iglesia con aceite y quebramos el espíritu de la muerte y del Anticristo. Al acercarnos al autobús, el sacerdote salió del monasterio y nos miró a nosotros y otra vez a la iglesia varias veces con una mirada perpleja en el rostro. No nos había visto orando porque no estábamos a la vista desde el monasterio. ¡Todos los miembros del equipo lo vimos hacer eso y sentimos que él estaba consciente de que algo había alterado la atmósfera espiritual del lugar! ¡Sálvalo, Señor!

El domingo 7 de octubre fue un día increíble. No teníamos guía, y el conductor de nuestro autobús no hablaba inglés, pero, antes de que Galina nos dejara el sábado, nos había preguntado adónde queríamos ir y le había hecho un mapa al conductor. ¡Sabíamos que tendríamos libertad absoluta sin impedimento alguno! Galina nos había dado una lección de la historia de todos los sitios. Otra vez nos confirmó información que habíamos aprendido gracias a nuestra investigación y nos dio más conocimientos claves sobre Nóvgorod. Se lo considera el "lugar santísimo" de todas las ciudades ortodoxas. Han experimentado un "gran reavivamiento religioso ortodoxo en los últimos veinte años". Ella nos dijo que los ortodoxos están muy orgullosos del hecho de que solo haya cuatro iglesias bautistas, una católica y una sola iglesia más grande que las iglesias ortodoxas.

Ese día oramos en varios lugares. La mayoría de ellos eran iglesias ortodoxas dedicadas a Sofía, a "Nuestra Señora de la señal" o a alguna otra representación de la reina del cielo. Los dos más significativos fueron Santa Sofía y la Virgen de la Piedad. La adoración a la reina del cielo en esos lugares es muy fuerte y evidente, muy similar a lo que vimos en Roma.

La Virgen de la Piedad, construida en el siglo XIX, es la segunda iglesia, en cuanto a actividad se refiere, de Nóvgorod en este momento, porque Santa Sofía es venerada por encima de las demás. Entramos a la iglesia durante un servicio y lo que vimos nos afligió mucho. Todos los íconos e imágenes veneraban a María. Jesús nunca estaba por sobre ella ni sobre el trono de Él. María estaba en el trono, con Dios y Jesús a sus lados coronándola. Incluso había una imagen de Jesús y María coronando a la reina del cielo (Sofía), que estaba sentada en el trono. No había un solo lugar en la iglesia que glorificara a Jesús. Me recordó mucho a Roma. Se exige que todos los miembros de la iglesia compren velas en cada servicio para prenderlas para los santos. Pueden pagar dinero para obtener respuesta a sus oraciones. Creen que, cuanto más pagan, mejor cobertura de oración tienen y más poderosa es la respuesta de Dios.

Después de observar, discernir y orar adentro, salimos al fondo de la iglesia y oramos. Lloramos y pedimos perdón por estas personas cegadas por la oscuridad. Luego comenzamos a quebrar el poder que la reina del cielo tiene sobre esta iglesia y le pedimos a Dios que lo convirtiera en un lugar para la adoración a Él; consecuentemente, nos enfrentamos al espíritu del Anticristo y rogamos por las almas perdidas atrapadas en esa oscuridad. También le pedimos a Dios que visitara a los sacerdotes en sueños y visiones para que conocieran a Jesucristo y se salvaran. Luego adoramos al Señor y le cantamos canciones de alabanza. Ungimos la llave con aceite y la enterramos junto con las semillas de mostaza. La presencia de Dios en nosotros durante este tiempo fue preciosa e increíble.

Llegamos a Santa Sofía. Antes de entrar, nos enfrentamos con otro asunto que sucedió afuera de la iglesia varios cientos de años atrás. Iván el terrible, un gobernante cruel y demoníaco de Nóvgorod y Kiev, sintió que la gente de Nóvgorod tenía espíritus demasiado libres y, por consiguiente, que eran difíciles de gobernar. Estuvo en la ciudad por dos semanas y escogió hombres, mujeres y niños al azar que fueron llevados por soldados a Santa Sofía, donde fueron torturados y asesinados en el jardín exterior de la iglesia. Galina dijo: "En ese momento de la historia, el suelo de la iglesia estaba manchado con la sangre de los cientos de personas asesinadas. Después Iván el terrible asistía a los servicios de Santa Sofía, que se llevaban a cabo todos los días de la semana". En otras palabras, después de masacrar a ciudadanos indefensos, asistía a las misas, se arrepentía ante el sacerdote, recibía perdón del sacerdote y regresaba afuera a comenzar las matanzas otra vez. Esto sucedió durante dos semanas. Cientos de personas fueron masacrados. El único propósito era quebrar el espíritu libre de Nóvgorod y ganar autoridad absoluta sobre todos sus súbditos. Esto recuerda a Vladimir y el bautismo forzado. Otra vez esta maldad ocurrió bajo la autoridad de la reina del cielo. Obviamente oramos allí y quebramos el espíritu de muerte y de control.

Dentro de la iglesia, comenzamos a investigar y a orar. Esta catedral es hogar del icono milagroso de "Nuestra Señora de la señal".

En siglos pasados, cada vez que los soldados iban a la batalla, llevaban este ícono al frente del ejército y le oraban continuamente a medida que la batalla se encolerizaba. A ella se le acreditan las victorias. En una batalla, colgaron el ícono en los muros del fuerte, y una flecha se clavó en el ojo de "Nuestra Señora". Ella enfureció y permitió la derrota del enemigo. En la actualidad, aún le falta el ojo. Esta Catedral de Santa Sofía fue construida por Yaroslav el sabio, el hijo de Vladimir. Fue construida en conexión con la Catedral de Santa Sofía en Kiev, que, a su vez, fue construida como iglesia hermana de Santa Sofía en Constantinopla. Esta es obviamente una cuerda de tres hilos del enemigo.

Greg hizo una proclamación silenciosa. Toda la gente, en especial las mujeres, reverenciaban ante el ícono, lo besaban y se persignaban cada vez que pasaban junto a él. Greg comenzaba a caminar hacia el ícono, se paraba frente a él, lo miraba y oraba en voz baja a Dios. Jamás lo reverenciaba o lo alababa de manera alguna. Luego se alejaba y dejaba suficiente espacio para que solo una de las mujeres se parara entre él y el ícono. Las ancianas estaban molestas porque él no homenajeaba al ícono en la manera "apropiada". Instantáneamente se acercaban al frente del ícono, lo reverenciaban y se persignaban varias veces para compensar la falta de alabanza y homenaje de él. Lo hizo varias veces, y cada vez las mujeres trabajaban más duro por compensar su "rebelión". Esto no se hacía para molestar a las mujeres sino para señalar el miedo, el sometimiento y la superstición extremos asociados con este ícono. Los cuerpos de los santos muertos yacían en sus ataúdes por toda la catedral y también eran alabados y besados. Continuamente había velas encendidas para estos santos muertos, para Sofía y para "Nuestra Señora de la señal". Quienes vienen a adorar pagan dinero para comprar las velas y las respuestas a sus oraciones. Nos cubrimos las manos con aceite de unción y ungimos todos los ataúdes y el ícono. Yo me paré frente al ícono y declaré que su otro ojo sería destruido, que se volvería completamente ciega y ya no podría encontrar el camino de regreso a Nóvgorod. Declaramos su derrota y proclamamos que la gente no podría verla y que comenzaría a adorar al verdadero Dios viviente. Planté una llave cubierta de aceite en uno de los pilares del templo.

Luego nos reunimos y oramos como equipo y pronunciamos unánimemente la derrota de esta diosa. Quebramos el vínculo espiritual entre esta catedral y las catedrales construidas para Santa Sofía en Kiev y en Constantinopla; también quebramos la conexión con Grecia y con la Iglesia griega ortodoxa. Al hacer esto, también enfrentamos el vínculo con el catolicismo romano porque la ortodoxia griega y la rusa se originan en el catolicismo romano. Luego leí las órdenes evangélicas del día: Salmo 107. ¡Es asombroso cuántos versículos de este salmo describen diferentes periodos de la historia de Nóvgorod! Luego le pedimos al Señor que comenzara a traer renacimiento espiritual. También le pedimos que bendijera el trabajo de las pocas iglesias renovadas en Nóvgorod para que comenzaran a recibir más gente en sus servicios y que hubiera salvación y liberación.

Nuestra meta en Nóvgorod era golpear la oscuridad que cubre esta antigua ciudad pagana de Rusia. Era obvio que jamás había habido aquí una guerra espiritual a este nivel. Experimentamos momentos de oración increíbles, pero también sentíamos que éramos los primeros en pelear a este nivel contra las bases demoníacas de la ciudad. Siento que fuimos obedientes en nuestra misión, pero sería grandioso que otro equipo fuera a Nóvgorod para orar otra vez.

Kiev

Al llegar a Kiev, conocimos a nuestro contacto, Glen Wescott, en el hotel esa noche e hicimos el mapeo de los lugares donde sentíamos que el Señor nos indicaba que oráramos. Glen también nos trajo una intérprete cristiana, Yana, que era increíble. Le expliqué que debíamos hallar la región de la cultura tripiliana y el Monte Devich porque el Señor me había dicho que era un lugar clave y lo había confirmado por medio de otros intercesores. Glen dijo que haría todo lo posible por encontrar el lugar.

El Monasterio de las Cuevas también era un lugar estratégico en Kiev. Glen nos explicó que había un instructor que trabajaba en su universidad bíblica, un sacerdote salvo y lleno del Espíritu, que nos ayudaría con este lugar. Anteriormente había sido sacerdote de la Iglesia ortodoxa y había adorado en este lugar. Me complació descubrir esta información.

El 9 de octubre comenzamos a orar en Kiev. Habíamos recibido muchas palabras de los intercesores diciendo que veríamos grandes signos en Kiev. Esto acabó siendo verdad. El primer lugar que visitamos fue Babyn Yar, donde los nazis mataron más de cien mil judíos y ucranianos durante la Segunda Guerra Mundial. Atraían a la gente allí diciéndole que la llevarían a vivir a un lugar mejor y más seguro. Luego los llevaban a un enorme barranco, los alineaban, les disparaban y los empujaban al barranco. Sin importar si habían muerto por causa los disparos o no, eran empujados al barranco. Lanzaban tierra y madera sobre estas personas. Luego los nazis traían al siguiente grupo desafortunado y continuaban el proceso. Yana nos explicó que los habitantes informaron haber oído gemidos provenientes de debajo de la tierra por semanas después de los asesinatos porque la gente estaba enterrada viva. El suelo se movía literalmente porque las personas intentaban salir de esta tumba.

Tuvimos un momento conmovedor de oración en este lugar, y cuatro de nosotros, con sangre alemana, nos arrepentimos de este hecho horrendo de persecución. Leímos Génesis 4:6-10, que habla de que la sangre de Abel clamaba al Señor desde la tierra. Luego oramos por que el derramamiento de sangre en este terreno fuera limpiado y por que entraran al Reino tantas almas como gotas de sangre habían sido derramadas en esta tierra. Patsy Chmelar sintió que ella debía ser quien enterrara la llave y la semilla de mostaza en este lugar. Chad leyó un versículo de liberación y bendición. Patsy luego gritó: "¡Libertad!". ¡Esa declaración tenía mucha unción! Dios continuó usando este grito una y otra vez, mientras que oramos en Kiev.

Oramos en Santa Sofía, otra catedral donde ocurre una evidente adoración a la reina del cielo. Son muy estrictos en este lugar, pero logramos orar adentro, reunidos en una esquina en el segundo piso. Otra vez cortamos los lazos entre las catedrales de Santa Sofía en Constantinopla y en Nóvgorod; más aún, pronunciamos su derrota y proclamamos que Jesús es el Salvador y que Él es el único que será adorado en Kiev. Luego encontramos una zona donde estaban reparando el suelo y plantamos una llave. Más tarde cantamos canciones de alabanza al Señor, mientras salíamos de la catedral.

La siguiente parada fue el monumento de Vladimir donde oramos por el bautismo forzado y quebramos el poder de este acto sobre la gente y sobre el terreno. También quebramos la mentira responsable por la cristianización de Rusia y Ucrania porque solo trajo miedo, control y muerte. Es un hecho histórico que el cristianismo ya estaba presente antes de Vladimir.

Luego nos detuvimos en la Catedral de San Vladimir, una iglesia muy activa en la cual la reina del cielo es el centro de la adoración. Vladimir está representado como Jesús en un enorme mural en la iglesia. La gente sin educación, algo que los creyentes ortodoxos suelen ser, pueden pensar que era Jesús. Dios estaba representado como Zeus. La gente les oraba a los santos muertos y a María.

Había una santa de apariencia muy demoníaca pintada como ícono en la pared de la catedral. Tenía la apariencia de la muerte. Les preguntamos a dos monjas y a un sacerdote el nombre de esta diosa y no supieron decírnoslo. ¡No tenían idea! Le preguntamos a una empleada de la limpieza la identidad de esta diosa. Nos dijo que la mujer era monarca y agregó: "La monarquía siempre fue perversa y severa, por eso tiene esa apariencia".

Esta mujer luego me preguntó si me agradaba la iglesia. Le expliqué que era muy diferente de las iglesias a las que yo asistía en los Estados Unidos y que nosotros le orábamos a Jesús, no a María. Ella se mostró intrigada y comenzó a hacer muchas preguntas sobre Jesús y sobre La Biblia. Nos dijo que no lee La Biblia, sino que escucha a los sacerdotes. Pero dijo que su madre le dice que debe leer La

Biblia. También me dijo que le ora a María porque María está más cerca de nosotros. Mientras que yo compartía el evangelio con esta mujer, se nos acercó otra mujer que comenzó a gritar en ruso a nuestra intérprete. Yana la manejó muy bien, pero esta mujer continuaba gritando. Yana me tomó por el brazo luego de discutir por cinco minutos con esta mujer y me alejó. Le pregunté qué estaba diciendo. Yana me explicó que estaba acusándonos de pertenecer a un culto y a una religión falsa y de que intentábamos influenciar demoníacamente a su hermana ortodoxa porque orarle a Jesús es un culto.

Volteamos y la mujer de la limpieza había regresado, quería saber más verdades. Compartimos el evangelio con ella otra vez y le preguntamos si quería conocer a Jesús y lo invitamos a entrar en el corazón de ella. Ella dijo que jamás había oído estas verdades y que regresaría a casa a leer La Biblia para investigar más. Nan y Patsy le dieron una bendición financiera de parte del Señor. Ella preguntó si debía donarlo al templo y a María. Le dijimos que era un obsequio de Jesús para ella y que no debía donarlo al templo. Luego le impusimos las manos y oramos por ella. Yana la invitó a su iglesia, y nos explicó que era muy inusual que una persona con las creencias de esta mujer hiciera preguntas, y hacerlo dentro del templo era casi inaudito. Dijo que nuestras oraciones ya estaban haciendo una diferencia para aquellos atrapados en la oscuridad. Al salir oramos por que esta mujer se salvara y también oramos por la mujer que le gritó a Yana. Esta persona se acercó a Yana antes de que saliéramos del templo y se disculpó por interrumpir nuestra conversación y por gritarnos. Yana dijo que era muy inusual recibir una disculpa.

El último lugar donde oramos ese día fue la Puerta de Oro, que era la puerta original que antiguamente conducía a Kiev. Cuando Yaroslav el sabio gobernaba, solicitaba a todas las personas que ingresaban a Kiev que pagaran oro antes de permitírseles la entrada a la ciudad. Subimos a lo alto de la Torre de la Puerta e instantáneamente sentimos que el Señor nos movía a orar. Comenzamos a cantar y a alabar al Señor. Proclamamos que, así como esta puerta representaba el antiguo portal hacia la ciudad, las puertas de la oscuridad se cerrarían. Luego invitamos al Rey de la Gloria a entrar. Darla Ryden cantó proféticamente sobre la ciudad y luego oramos, profetizamos y proclamamos los planes del Señor para Kiev y Ucrania. Todos sentimos deseos de exclamar el grito de libertad otra vez. Permanecimos sobre la torre viendo la ciudad y miramos al Norte, al Sur, al Este y al Oeste. Al unísono exclamamos: "¡Libertad!" tres veces sobre la ciudad. Esta declaración estaba increíblemente ungida. Sentimos que, cada vez que el Señor nos pedía que declaráramos esto sobre su territorio, se soltaba una liberación espiritual sobre el terreno. Aunque estas personas ya no están bajo el reinado del comunismo, los efectos de esta opresión aún prevalecen. La gente tiene dificultad para reír y para expresarse libremente. Oramos porque se soltara libertad sobre los ciudadanos de Ucrania.

En el hotel esa noche, mientras esperábamos la cena, Glen nos llamó a Greg y a mí a la recepción. Al acercarnos, nos preguntó: "¿Qué han estado haciendo?". Estaba entusiasmado. Le dijimos: "Estuvimos orando", sin saber a qué venía su comentario. Nos explicó que había tenido problemas para encontrar la ubicación de la cultura tripiliana y del Monte Devich, así que le había pedido a Dios que lo ayudara. Mientras estábamos orando, Vlad, uno de los graduados de la universidad bíblica, había ido a ver a Glen y le había pedido asistencia. Le explicó a Glen que había leído cinco libros de Peter Wagner sobre la oración y la guerra espiritual, y que necesitaba que alguien lo entrenara en la oración de guerra espiritual. Dijo que vive, pastorea y ministra en una región llamada Trepolie que es difícil de penetrar con el evangelio. Glen lo detuvo y le dijo: "Vlad, repite el nombre de la región". Respondió: "Trepolie". ¡Esa es la palabra rusa para "tripiliano"! ¡Vlad le dijo a Glen que había escrito un artículo de investigación sobre esta zona, sobre su antigua cultura y sus prácticas paganas! Glen le dijo que un equipo de los ministerios Global Harvest coordinado por Peter Wagner estaba en Kiev y que buscaba este lugar. Vlad y Glen se entusiasmaron mucho. Glen parecía un escolar. Vlad conocía todos los lugares en los cuales queríamos orar y podía llevarnos allí. Ese fue el plan para el día siguiente.

Glen también nos dijo que Sergei, el sacerdote lleno del Espíritu perteneciente al Movimiento Ortodoxo Reformado, podría encontrarse con nosotros el jueves en el Monasterio de las Cuevas, en Lavra. Glen dijo que sería una reunión muy importante. Nos habló de los túneles subterráneos que tienen doscientos noventa kilómetros de largo y que conectan al monasterio con una de las regiones más demoníacas de Ucrania. Sergei podría darnos información crucial sobre la ortodoxia e indicaciones sobre cómo orar. Así se planteó la agenda para el jueves. Esa noche, después de la cena, el grupo se reunió para hablar y orar. Le dije al equipo que estábamos a punto de golpear las fortalezas más grandes de la región y que debían prepararse. Llamamos a los ministerios Global Harvest y a nuestros intercesores, y los movilizamos a orar. ¡Íbamos a entrar en el campamento del enemigo!

El miércoles nos despertamos listos para ir a Trípoli. Comenzamos el día con una visita a un museo de la región. Adquirimos más conocimientos e información, incluyendo el hecho de que las tribus eslavas adoraban al águila y al ciervo. Le expliqué al equipo que sentía que el Señor nos guiaba a que oráramos en los pueblos pequeños que estaban cercanos al Monte Devich o bajo su influencia y que, al final del día, debíamos subir al monte a orar. Entonces emprendimos el camino a un pueblo llamado Vytachiv. Es el pueblo que el grupo *New Age* de lo oculto, La República Espiritual Ucraniana, llama "el camino hacia la iluminación". ¡Yo estaba muy entusiasmada! A propósito, no hay iglesias ni templos ortodoxos en este pueblo.

Condujimos hasta el límite del pueblo y llegamos a un molino de viento, un pequeño templo de madera y tres piedras angulares dedicadas a la reina del cielo. ¡No podía creer lo que veía! Sabía que La República Espiritual Ucraniana adoraba aquí, pero ver monumentos, piedras angulares y templos fue una gran sorpresa.

Plagamos el lugar. Algunos de nosotros corrimos hacia las piedras angulares, que evidentemente estaban dedicadas a la reina del cielo. Tenían su imagen y escritos que dedicaban esta tierra a la Gran Madre Tierra Húmeda. También había un símbolo de *ying y yang* en la piedra del medio. En la última piedra, había una imagen del cuerpo de un águila con las alas extendidas con el rostro de la reina del cielo. Greg, Chad y Chris corrieron hacia el templo de madera e intentaron entrar, pero estaba cerrado. Luego construyeron una escalera humana con Chad abajo y Chris arriba. Chris pudo ver adentro del templo que, por supuesto, tenía imágenes de la reina del cielo. Había una cruz extraña arriba del templo, que también descubrimos en la entrada del Lavra al día siguiente. Jonathan fue a ver el molino de viento, que también tenía a la reina del cielo apostada en la entrada. Este lugar y el Monte Devich están situados sobre el Río Dnieper. Había algo en los ríos y en los canales de agua, pero el Señor no nos ha revelado todas las piezas de este rompecabezas aún.

En ese momento, se acercó un auto. Era el alcalde de la ciudad. Nos explicó que tenía la llave del templo y del molino de viento, ¡y que nos dejaría entrar! No solo nos permitió entrar al templo y al molino, sino que también nos dio privacidad total. ¡Cielos, cómo oramos! Por supuesto, Yana y su esposo estaban ocupados hablando con él y distrayéndolo. Adentro del templo había artículos dedicados a la adoración a la reina del cielo y a Kupala. Había una imagen de Jesús, lo cual era extraño, porque Berdnyk siente que descubrió los secretos de Cristo y escribió un libro llamado *Christ's Secrets* (Los secretos de Cristo).

En la pared, había un pacto amistoso/espiritual entre este grupo de lo oculto y el pueblo, sellado con un emblema con la imagen de la reina del cielo. Ese pacto fue firmado en 1992. ¡Nos entusiasmamos mucho! Fue el mismo año en que Glen y Natasha comenzaron su trabajo en Kiev con la Universidad Bíblica St. James. La visión de esta escuela es entrenar líderes llenos del espíritu en Ucrania que seguirán la unción del Señor y que portarán las herramientas espirituales necesarias para que esta región del mundo conozca el evangelio. Están entrenando futuros apóstoles, profetas, maestros, evangelistas, pastores e intercesores. Traen líderes cristianos de todo el mundo para entrenar a sus estudiantes por periodos de dos semanas.

Sentí el espíritu de la profecía y comencé a profetizarle a Glen: "La fecha de este pacto es una proclama profética sobre tu llamamiento a Kiev y tu trabajo aquí. El enemigo estaba estableciendo la falsedad al mismo tiempo que el Señor estaba estableciendo su trabajo para las futuras generaciones de Kiev y de Ucrania. Dios te está revelando, Glen, hoy, las maquinaciones del enemigo para que tú y tus líderes puedan comenzar a iniciar oración de guerra espiritual efectiva y específica sobre Kiev y Ucrania, para evitar que generaciones futuras caigan en manos de la oscuridad, acercándose a los propósitos del Reino para sus vidas y para la nación. Dios te dará las herramientas para enfrentar este plan del enemigo, y a medida que ores, un liderazgo justo para Kiev surgirá, y el liderazgo falso será disminuido. Estas herramientas y estos conocimientos también te darán estrategias para orar pidiendo la apertura de brechas en la Iglesia ortodoxa. Dios también está preparándote para que seas un líder clave en Kiev". Glen estaba tan conmocionado que temblaba. No tenía palabras. Luego Venetia le dio ciento ochenta dólares como símbolo de la brecha abierta en las finanzas y como inversión para la entrada de Dios en Ucrania. Fue asombroso.

Por supuesto que hicimos oración de guerra espiritual y comenzamos a quebrar el poder de la reina del cielo en esta zona. Glen oró y quebró el poder de ese pacto y anunció la entrada del Espíritu Santo en esa región. Ungimos con aceite el sello y todos los iconos, y quebramos su poder. La imagen de María estaba saliéndose del marco, así que declaramos que la adoración a ella caería por completo y que este grupo ya no la adoraría a ella, sino al Dios verdadero y viviente. Luego nos acercamos al molino de viento y nos unimos a la otra mitad del equipo.

Jonathan y Greg me miraron fijamente y me dijeron: "Quieres entrar al molino". Accedí con gusto. Cuando entré no podía creerlo. ¡Era el templo y el santuario del líder del grupo de lo oculto, Berdnyk! Adentro había imágenes de los tres templos que querían construir. Había una imagen de Buda y de la reina del cielo. También estaba el pacto amistoso/espiritual con el sello de la reina del cielo. Un gabinete contenía todos los libros que este hombre había escrito sobre la reina del cielo y sus creencias *New Age*. En una de las paredes, había una declaración de su visión. Estaba escrita en ruso. No la recuerdo palabra por palabra, pero hablaba de caminar en paz como un niño o levantar una espada y caminar como guerrero. Sentí una advertencia muy grande del Señor. Le dije a Glen que, si este grupo no era acabado en el reino espiritual, tendría el potencial de convertirse en un culto muy peligroso que finalmente causaría derramamiento de sangre. Jonathan dijo que él también tenía la misma sensación. Oramos y quebramos el poder de derramamiento de sangre y le pedimos a Dios que liberara a estas personas del engaño y que las acercara a la salvación.

Formamos un círculo alrededor de las tres piedras angulares dedicadas a la reina del cielo, nos tomamos de las manos y adoramos al Señor. La presencia del Señor fue preciosa y asombrosa. Quebramos el poder de la reina del cielo sobre estas piedras y pronunciamos que jamás habría tres templos construidos para ella. Luego formamos un grupo unido frente a las piedras angulares, y Vlad enterró una de las llaves cubiertas de aceite junto con las semillas de mostaza detrás de la piedra central. Lo escondimos porque el alcalde estaba observándonos en este momento. Él no hablaba inglés, así que pensó que estábamos adorando a la diosa. ¡Qué importa! Al salir del pueblo nos detuvimos en la casa del alcalde porque así nos lo pidió y nos dio un libro sobre el pueblo y el grupo de lo oculto como recuerdo. ¡Dios es bueno!

Luego en el autobús buscamos en nuestra investigación y nos dimos cuenta de que en una de las fotos de Berdnyk, el líder de este culto, sostenía un hacha. Uno de los pueblos en la región del Monte Devich fue asediado por un asesino que mató brutalmente con un hacha a cientos de habitantes. También hay mitos espirituales sobre el hacha, y en la antigüedad era reverenciada y adorada. ¡Eso explica la advertencia que nos hizo el Señor!

Nos abrimos paso al corazón de cinco pueblos en esta región que formaban un círculo, con el Monte Devich a la cabeza del círculo. Oramos en el centro de cada uno de estos pueblos y quebramos el poder de la adoración a la reina del cielo y su control sobre la Iglesia ortodoxa. Esta región es una de las más difíciles de penetrar con el evangelio. Vlad nos dijo que hay un sacerdote ortodoxo en esta región que tiene gran poder sobre la gente. Vlad reunía pastores para ir a una región, ayudar y orar y luego comenzar a evangelizar. Organizaba reuniones, y las personas eran salvadas. El sacerdote escuchaba esto y venía al pueblo y asustaba a las personas y les decía que eran parte de un culto y que irían al infierno. Los atemorizaba y amenazaba y les quitaba el dinero para "ayudarlos a asegurarse un lugar en el Cielo otra vez". Estas personas tenían tanto miedo que no asistían a otra reunión.

Oramos en el pueblo de este sacerdote y quebramos su control territorial sobre esta región y también oramos en el pueblo de la primera mujer que se salvó en la región. Ella y su esposo se unieron a Vlad y lideran reuniones de oración en su hogar en un intento por llegar a todo el pueblo. Vlad y Glen nos llevaron a su casa, donde oramos y le pedimos a Dios que bendijera su trabajo y que prosperara. Oramos pidiendo bendición para esta pareja y su familia, y les dimos una bendición financiera para ayudar con las cosas nuevas que Dios está haciendo. Luego la mujer insistió en bendecirnos. ¡Nos dio lecha agria cuajada para beber! Glen me miró y me dijo: "Sé muy valiente". Como no queríamos insultar a esta familia, todos probamos un sorbo y pasamos la copa a la siguiente persona. ¡Sabía horrible! Por supuesto que no dejamos ver nuestro desagrado a la pareja. Al esposo de Yana, Eugene, y a Vlad les encanta esta leche, así que nos rescataron y la bebieron toda. ¡Gracias, Señor, por las respuestas a las oraciones pequeñas! En todos estos pueblos, decretamos un grito de libertad, que Glen nos enseñó en ruso: "¡*Svabota*! ¡*Svabota*! ¡*Svabota*!".

Después de orar en estos cinco pueblos, fuimos al monte y subimos a su cima. Es muy antiguo. Muchas de las reliquias antiguas asociadas con la adoración a la reina del cielo fueron excavadas. Este montículo también es un enorme montículo mortuorio de los pueblos antiguos involucrados en la adoración a la Gran Madre Tierra y a aquellos sacrificados para ella. Es un cementerio muy grande. El grupo de La República Espiritual Ucraniana va allí en fechas y festivales especiales, pero los miembros también van a orar allí a diario.

Dos mujeres del pueblo subieron a la cima para hablar con nosotros. Nos dijeron audazmente que eran cristianas y preguntaron: "¿Ustedes son cristianos o miembros de La República Espiritual Ucraniana?". Les dijimos que éramos cristianos. Nos mostraron el lugar donde La República Espiritual Ucraniana había subido recientemente la montaña, había enterrado un cápsula del tiempo y había dibujado una estrella en el suelo para marcar el lugar del entierro. Luego nos dejaron.

La estrella era de seis puntas con la forma de la Estrella de David. El significado de esta estrella estaba originalmente asociado a la brujería y a la magia. El triángulo doble significa cosas diferentes en culturas diferentes. En hebreo, por ejemplo, expresa la forma en que una dimensión se vierte en la dimensión siguiente. Es un proceso sagrado y un cambio sagrado. Un dato muy interesante sobre esta estrella es su asociación con Vladimir. Antes de los bautismos forzados, Vladimir construyó un santuario para los dioses Perun, Dazhbog, Chors, Simargl, Stribog y para la diosa Mokosha. Afuera de este santuario, ubicó a estos dioses formando esta estrella. También se adora allí a los dioses Volos, Zeus, Divanna y Kupala. Creo que esta estrella fue dibujada aquí por este grupo *New Age* como símbolo que representa la conexión espiritual de la adoración a la reina del cielo entre las generaciones pasadas, presentes y futuras. Desean perpetuar su adoración y reclaman Ucrania para su gloria.

Oramos por casi una hora en este monte. Nos arrepentimos por los pueblos antiguos y por sus prácticas paganas. Luego comenzamos a quebrar los lazos entre las diosas y los dioses. Quebramos el poder del espíritu del Anticristo, del espíritu de la muerte, del miedo, de la brujería, del control y de la perversión. Leímos versículos y adoramos al Señor. Glen, Vlad, Yana y Eugene cantaron la canción ucraniana de la Comunión que habla sobre la sangre de Jesús. ¡La unción fue increíble! Impusimos nuestras manos sobre estos cuatro ucranianos y le pedimos a Dios que bendijera su trabajo, que promoviera el evangelio y sus propósitos en Kiev a través de ellos. El grupo estalló en alabanza al Señor y le agradeció su bondad y sus promesas, y ordenó a Kiev que despertara y se levantara. Luego, mirando hacia el Norte, el Sur, el Este y el Oeste, proclamamos libertad: *"¡Svabota, Svabota, Svabota!"*. Plantamos nueve llaves cubiertas con aceite con las semillas de mostaza en el suelo junto a la cápsula del tiempo. Glen y Vlad regresarían ese fin de semana con una pala para enterrar dos Biblias, una escrita en ruso y la otra en ucraniano. También intentarían desenterrar la cápsula del tiempo para ver qué contenía y luego destruirla. Esto podría ser difícil porque La República Espiritual Ucraniana cubrió la cápsula con cemento. A pesar de eso, igual lo intentarían. ¡Qué día tan poderoso! ¡Dios es bueno!

Yo sabía que el día de oración en el Monasterio de las Cuevas, el Lavra sería revelador. En la primera reunión del equipo, seis meses antes, el Señor me había dicho que nos llevaría a un cementerio subterráneo dedicado a la reina del cielo, que era un lugar clave para la brecha espiritual de Kiev. En nuestra investigación, descubrimos el Monasterio de las Cuevas, fundado en el año 1051 d. C. Alberga las Cuevas Cercanas y Lejanas, que contienen los huesos de ciento veinte santos, sacerdotes, artistas famosos y doctores. Este monasterio es enorme y es considerado el lugar más sagrado e importante de la ortodoxia en Ucrania. Yo estuve levantada intercediendo toda la noche antes de ir a este sitio. Sabía que Dios revelaría algo increíble.

Llegamos a las diez de la mañana y esperamos a Sergei, el sacerdote lleno del Espíritu involucrado en la Iglesia ortodoxa reformada. Dios nos designó a este hombre extraordinario. Sergei dijo que tenía que darnos la historia y la información antes de entrar al monasterio porque los sacerdotes no simpatizaban con él. Nos explicó que hay una mafia religiosa en la Iglesia ortodoxa que atormenta a aquellos que experimentaron al Señor y se salvaron. Muchas personas se maravillan del hecho de que él aún siga vivo. Intentaría entrar con nosotros, pero, si lo reconocían, tendría que salir de inmediato o habría problemas. Dijo que nos preparáramos para cualquier cosa al entrar. Glen luego nos dijo que Sergei vive cada día sabiendo que su vida y las vidas de su esposa y sus cinco hijas están en grave peligro.

En la lección de Historia, compartió con nosotros claves para ver la adoración a la reina del cielo en la Iglesia ortodoxa. Nos dijo que, en los siglos v y vi, el paganismo comenzó a infiltrarse mucho en la Iglesia. Ya estaba presente, pero se fortaleció mucho en esa época. La monarquía comenzó a ganar poder forzado en la Iglesia y quería traer sus prácticas y su corrupción política a ella y mezclarlas con la adoración. Recibimos la historia completa de Vladimir y el hecho de que este hombre no tenía experiencia en conversión. Se nos habló de las muertes y de la gente de Nóvgorod que fue asesinada y arrojada al Río Volga. También asesinaron a ciudadanos de Kiev, pero, una vez que unas pocas personas murieron, el resto de los ciudadanos decidió bautizarse para vivir y no ser asesinados.

Aprendimos que el Lavra es el monasterio hijo de dos monasterios en Grecia. El monasterio para sacerdotes está ubicado en el Monte Aphon, y el otro es un convento, pero no nos dieron la ubicación exacta. Glen está contactando a Sergei para que averigüemos los lugares exactos para poder enviar equipos de oración allí.

He explicado cómo todas las misas se llevan a cabo en el idioma eslavo antiguo, y es ilegal conducir un servicio en ruso. Hace unos años se les dio una prueba a cien personas que habían sido ortodoxos todas sus vidas. Se les pidió que escribieran la interpretación de una oración. De cien individuos, solo una persona pudo interpretar la oración y aun así esa persona no hizo una interpretación del todo correcta. Ni siquiera los sacerdotes sabían y comprendían todo lo que decían y oraban. Si los sacerdotes dictan sus sermones en ruso, son excomulgados. Enseñan, predican y oran enseñanzas falsas todo el tiempo, y la gente no tiene idea. El amor por el dinero es fuerte, pero los sacerdotes y monjes son extremadamente holgazanes y no quieren hacer ningún trabajo. Esta holgazanería por parte de los sacerdotes y de los monjes afecta las ciudades y las naciones donde se encuentran. Causa holgazanería en la gente de esos países. Los sacerdotes y los monjes son los primeros y los más poderosos que enfrentan el movimiento del Espíritu y la reforma que está sucediéndose en la Iglesia ortodoxa. Hay pocos sacerdotes que han tenido un encuentro con Jesús y visten ropas civiles y van a la iglesia de Sergei a escuchar La Palabra de Dios. Desafortunadamente, muchos de estos hombres temen dejar la Iglesia por miedo a que sean dañados o asesinados.

Sergei nos dijo que solía haber un convento conectado con el monasterio por medio de túneles subterráneos, pero el convento fue mudado porque se descubrió un cementerio detrás del convento repleto de bebés muertos y abortados. Los sacerdotes eran quienes habían engendrado a esos niños. La homosexualidad es un gran problema entre los sacerdotes. Alguno se arrepienten, pero no muchos. Muchos de ellos son alcohólicos y drogadictos. Sergei llevó a muchos sacerdotes y monjes al Señor, y les ha traído liberación. Está orando por que más de ellos se vuelvan libres. En su iglesia, hay un mapa de Ucrania en la pared. Colocaron una bandera roja en el mapa en cada lugar donde hay una iglesia, un monasterio o un convento ortodoxos que él considere que tiene un peso espiritual significativo. Él y los miembros de su iglesia oran sobre este mapa a diario y creen en que Dios abrirá una brecha. Han estado orando por que Dios trajera personas de otros países a orar con ellos por la apertura de brechas. Nosotros fuimos los frutos tempranos de estas oraciones, y él comenzó a agradecerle a Dios por nosotros. De más está decir que muchos de nosotros comenzamos a llorar. Nos impuso las manos y oró por nosotros, y luego nosotros le impusimos las manos y oramos por él. Fue un momento preciado.

Le pregunté cuál era el lugar más importante del monasterio donde deberíamos orar para quebrar los poderes que controlan la región. Instantáneamente contestó: "Las cuevas". La gente viene de todas partes para adorar los huesos muertos de estas ciento veinte personas, a los cuales se considera los íconos milagrosos de Ucrania. Nos dijo que oráramos contra los espíritus de la corrupción, de la codicia, de la perversión, de la homosexualidad, de la muerte, del miedo, del control, de la corrupción política, de la brujería y del Anticristo. Quebrar prácticas ocultas y la adoración a la reina del cielo es obviamente una estrategia clave. Luego ingresamos en el monasterio.

Mientras caminábamos por el corredor, escuchamos que un policía nos gritaba en ruso. Creímos que estábamos en problemas porque Sergei estaba con nosotros. Pero no era así. Nos hicimos a un lado y detrás nuestro, por el corredor, se acercaba una gran procesión. ¡Sergei había olvidado que el 11 de octubre es el día de la Fiesta de los Huesos! Este es el día en que los sacerdotes, los monjes, las monjas y los seguidores ortodoxos bajan a las cuevas y adoran los huesos. ¡Dios nos estaba llevando en el día de la festividad!

Cuando la procesión comenzó, los sacerdotes de adelante cargaban un ícono de María y cantaban una canción que parecía un canto fúnebre. Sergei y Yana nos explicaron que les cantaban a María y a los santos muertos. La procesión, de unos quinientos participantes, que avanzaban hacia las cuevas, duró unos veinte minutos. Fue un momento triste para Sergei porque él solía participar en estas prácticas ocultas. Le pregunté: "¿Consideras a la ortodoxia un culto?". Contestó: "Sí".

Esperamos unos cinco minutos y seguimos la procesión. Sergei se detuvo para hablarnos un poco más de la historia de las cuevas, pero un auto con tres sacerdotes se acercó y se detuvo detrás de él. Lo reconocieron, pero él estaba de espaldas al auto y no se dio cuenta de la presencia de ellos. Los sacerdotes estaban a punto de salir del auto y de acercarse a él cuando Greg le dijo lo que sucedía detrás. Le dijimos que se marchara para que no corriera peligro. Nos abrazó y nos dio la mano, luego me miró y dijo: "Darán en el blanco. Hoy darán en el blanco". Luego se marchó. Los sacerdotes estaban satisfechos y se marcharon.

Avanzamos hacia las cavernas. Las mujeres en nuestro grupo nos cubrimos las cabezas con pañuelos y nos untamos las manos con aceite de unción. Íbamos a orar y a quebrar el poder de estos santos muertos y de la reina del cielo. Nos tomó alrededor de una hora y media entrar porque estábamos al final de la fila. Durante todo el tiempo que esperamos para entrar, esta gente cantó incesantemente. Yana nos explicó que les cantaban a María y a los santos muertos, y que en ningún momento se mencionaba a Dios, a Jesús o al Espíritu Santo. Era como si estuvieran en trance al cantar. No había vida, y se podía palpar la opresión y la pesadez.

Finalmente atravesamos las puertas y obtuvimos nuestras velas, necesarias para poder ver. Muchos de los adoradores dejan sus velas adentro para darles más poder a las oraciones a los santos muertos. Le dije a nuestro equipo que yo estaba orando por que nuestras manos no se encendieran, ya que estaban cubiertas de aceite de unción. Comenzamos a descender a las cuevas, extremadamente atestadas de gente. Un sacerdote confrontó a Yana instantáneamente y nos acusó de no estar allí para orar. ¡Yana respondió que esa era exactamente la razón por la que estábamos allí! Luego una mujer delante de ella comenzó a quejarse de que yo estaba usando lápiz de labios, así que me lo quité. Se quejaron porque Greg tenía goma de mascar, así que se la sacó de la boca. Yana luego nos agarró y nos dijo: "Vamos", y nos abrimos camino hacia el túnel.

El túnel tenía un metro de ancho, y había nichos que contenían ataúdes de los santos. Los ataúdes tenían cubiertas de vidrio, y los cuerpos estaban cubiertos con prendas adornadas. La gente les cantaba a los cuerpos y se inclinaban y besaban las cubiertas de vidrio. Yana dijo que ha habido historias de que los huesos emitieron aceites, y como resultado, la gente se sanó. ¡Sergei también nos había dicho que muchos sacerdotes intentan vivir en las cavernas con los huesos de los muertos! Muchos solo viven entre diez y doce años en esa situación, pero hubo un sacerdote que vivió en las cavernas sin salir jamás por treinta y siete años antes de morir. ¡Qué horrible!

Comenzamos a imponer las manos sobre los ataúdes y a ungirlos con aceite y a anunciar su derrota. Yana nos ayudaba a entrar inadvertidos en nichos que tenían altares para María o para un santo muerto y nos decía: "Oren aquí, es muy significativo". Había una mujer anciana delante de nosotros con un niño de unos dieciocho meses de edad que estaba enfermo. Una y otra vez lo tomaba y lo apoyaba boca abajo sobre un ataúd, como haciéndolo besar al santo muerto. El niño permanecía en perfecto silencio hasta que sus labios tocaban el ataúd, momento en el cual emitía un alarido. ¡Era horrible! Greg, Yana y yo estábamos más cerca de esto que los demás y éramos los únicos que veíamos qué sucedía. Llorábamos por el niño y a la vez sentíamos furia hacia el enemigo. Todo sucedió muy deprisa porque el sacerdote quería que nos marcháramos. Oramos por unos diez o quince minutos antes de salir de las cuevas. Luego fuimos afuera, arriba de las cuevas, e iniciamos la oración de guerra.

Enfrentamos estas prácticas ocultas y la adoración a la reina del cielo. Oramos contra las fortalezas de las cuales Sergei nos había hablado. Leímos Salmo 111, oramos por muchos asuntos y pronunciamos que la adoración a la reina del cielo caería y que su derrota estaba en camino. Le pedimos a Dios que visitara en sueños y visiones a los sacerdotes, a los monjes y a las monjas para que tuvieran una verdadera experiencia con Jesús. También quebramos el lazo entre el comunismo y la Iglesia rusa ortodoxa. Al momento en que escribo esto, esta intenta asociarse con el gobierno y con el comunismo para librar a Rusia y a Ucrania de todas las religiones excepto la ortodoxa; nosotros quebramos esta trama y oramos por que todas las personas involucradas en esto fueran expuestas.

Luego oramos contra Vladimir y contra la mentira de que él era el padre del cristianismo en Rusia. Por último quebramos nuestras velas como signo profético de que las oraciones para los santos muertos y su adoración estaban quebradas. Luego salimos cantando: "Fuimos al campamento del enemigo y recuperamos lo que él robó de Kiev". Camino a la entrada al monasterio, pusimos las velas rotas en el suelo y las aplastamos como signo de que estos santos muertos y la reina del cielo son destronado y derrotados. Luego gritamos tan fuerte como pudimos: "¡Jesucristo!".

Esa noche hablé en una iglesia llamada Iglesia de la Gracia y el Amor de Cristo. Conocimos a este grupo a través de Derrick en "Ejército de Gedeón II". El servicio de alabanza fue increíble. Fue grandioso estar en presencia del Señor después de estar expuestos a toda esa oscuridad. La pastora de la iglesia se llama Olga Pyrozhenko. Es una buena amiga de Sergei. Me pidió que hablara de nuestra investigación y de todo lo que hicimos. Olga y los congregantes estaban emocionados por todo lo que les contamos porque ellos habían intentado informarse sobre la cultura tripiliana para poder enfrentar la región en Trípoli, pero habían tenido muchas dificultades para encontrar información. Oraron seguros de que, como resultado de nuestros ruegos, estos habitantes alcanzarían la salvación. Estaban asombrados de que hubiéramos podido entrar a orar al Lavra el día de la Fiesta de los Huesos. Después de que hablé, Olga hizo un llamado desde el altar, y un joven se acercó para ser salvado. Esto nos bendijo mucho y le pedimos al Señor que esta salvación fuera el fruto temprano de todas nuestras oraciones. Olga me pidió que regresara para enseñar en su conferencia profética en la primavera. Quiere que enseñe sobre los actos proféticos en la batalla espiritual. Le dije que me gustaría regresar si el Señor abría la puerta y cuando Él lo dispusiera.

Nuestra meta era orar por los asuntos espirituales más fuertes en Kiev y golpearlos con fuerza, algo que siento que logramos. Golpeamos al Lavra, pero el asunto aún no concluye. Marty dijo que ella siente que orar en los monasterios en Grecia considerados la madre y el padre del Lavra –el Lavra y Monte Olimpo– simultáneamente dará un golpe enorme a la oscuridad de la Iglesia ortodoxa. Glen está contactando a Sergei en nuestro nombre para investigar los puntos más fuertes de la ortodoxia en Grecia y la ubicación de ambos monasterios. Yo tengo los datos de contacto de Sergei, pero él habla muy poco inglés. Glen podrá comunicarse con él de forma más efectiva.

El viaje fue increíble. Dios fue muy bueno. Literalmente reveló los problemas espirituales más fuertes para que pudiéramos orar por ellos y en su contra. Fue un privilegio llevar este equipo y un honor ser usados para esto. Estoy entusiasmada por nuestro próximo viaje. Ya estoy orando y preguntándole al Señor por nuestra misión siguiente. Gracias por esta oportunidad. ¡Fue grandiosa!

Notas

Capítulo 1: Qué es la guerra espiritual

1. C. Peter Wagner, *What the Bible Says about Spiritual Warfare* (Lo que La Biblia dice acerca de la guerra espiritual), Regal Books, Ventura, California, 2002, págs. 18-19.

Capítulo 2: La Tierra es del Señor

1. George Otis Jr., *The Last of the Giants* (El último de los gigantes), Chosen Books, Tarrytown, Nueva York, 1991, pág. 88.

2. Héctor P. Torres, *Derribemos fortalezas*, Grupo Nelson, Nashville, 1996.

3. Alistair Petrie, *Liberación y sanidad en el planeta Tierra*, Editorial Peniel, Buenos Aires, 2006.

4. Pacific Christian Ministries, *The Conquest of Canaan* (La conquista de Canaán), www.pachmin.com/museum/canaan.shtml.

5. David B. Guralnik, ed., *Webster's New World Dictionary* (Nuevo Diccionario Mundial Webster), Simon and Schuster, Nueva York, 1982, pág. 326.

6. C. Peter Wagner, *Cómo enfrentarnos a la reina del cielo*, Grupo Nelson, Nashville, 2001.

7. Ver el *Catequismo de la Iglesia católica*, primera parte, segunda sección, capítulo tercero, artículo nueve; www.vatican.va/phome_sp.htm. (www.vatican.va, en inglés).

8. Ver el *Catequismo de la Iglesia católica*, primera parte, segunda sección, capítulo segundo, artículo tres; www.vatican.va/phome_sp.htm. (www.vatican.va, en inglés).

9. www.vatican.va (30 de abril de 2000).

10. Harold Harman, "*The Kinship of the Virgin Mary: Profile of a Cultural Archetype*" ("El parentesco de la Virgen María: Perfil de un arquetipo cultural"), *Revision Magazine*, 1998, pág. 4. (Este artículo puede encontrarse en eLibrary).

11. Ibídem.

12. Peter De Rosa, *Vicars of Christ: The Dark Side of the Papacy* (Vicarios de Cristo: El lado oscuro del pontificado), Crown, Nueva York, 1988, pág. 5.

13. *"History of the Basilica"* (Historia de la Basílica), http:/it-jabba-stuweb. coloradocollege.edu/_larson/His-tory_of_the_Basilica.html. (Este vínculo ya no existe en la Internet).

14. Watchman Nee, *Transformados en Su Semejanza*, Editorial Portavoz, Grand Rapids, Michigan, 1992.

Capítulo 3: La revelación de la misión

1. Wagner, *Spiritual Warfare* (Guerra espiritual), pág. 11.

Capítulo 4: Dinámica de grupo

1. Chuck D. Pierce, y John Dickson, *El guerrero adorador*, Editorial Peniel, Buenos Aires, 2003.

2. Ibídem.

Capítulo 5: Se exponen verdades ocultas

1. Cindy Tosto, *Taking Possession of the Land* (Tomar posesión del terreno), Wagner Publications, Colorado Springs, Colorado, 2001, pág. 44.

2. Moses W. Redding, *The Illustrated History of Freemasonry* (La historia ilustrada de la francmasonería), Redding & Co., Nueva York, 1901, págs. 56-57.

Capítulo 6: El mapeo espiritual

1. George Otis Jr., *Intercesión con fundamento*, Editorial Peniel, Buenos Aires, 2006.

2. Citado en Otis, *The Last of the Giants*, pág. 84.

3. Definido por Alice Smith en una enseñanza titulada *"Spiritual Warfare/ Mapping"* ("Guerra/mapeo espiritual").

4. Otis, *The Last of the Giants*, pág. 88.

5. *Encarta World Dictionary* (Diccionario Mundial Encarta), edición norteamericana, www.onelook.com.

6. *Webster's 1828 Dictionary* (Diccionario Webster de 1828), versión electrónica de Christian Technologies, Inc., www.onelook.com.

7. David Taylor, *"Putting Things Straight (Introducing Earth Mysteries)"*

["Aclaremos las cosas (Presentamos los misterios de la Tierra)"], www.white-dragon.org.uk, 1994.

8. *Encarta World Dictionary* (Diccionario Mundial Encarta), edición norteamericana, www.onelook.com.

9. Smith, "*Spiritual Warfare/Mapping*".

10. Robert Todd Carroll, "*Ley Lines*" ("Líneas Ley") en *The Skeptic's Dictionary* (El diccionario de los escépticos), John Wiley and Sons, Hoboken, NJ., 2002, www.skepdic.com/leylines.html.

Capítulo 7: La preparación para la batalla

1. Barbara Wentroble, *Prophetic Intercession* (Intercesión profética), Regal Books, Ventura, California, 1999, pág. 48.

Capítulo 8: El avance hacia la batalla

1. Wentroble, *Prophetic Intercession*, pág. 113.

2. John Dawson, *La reconquista de tu ciudad*, Grupo Nelson, Nashville, 1992.

Capítulo 9: El contraataque

1. Wentroble, *Prophetic Intercession*, pág. 170.

Capítulo 10: ¡Se abre una brecha!

1. Yoder, Barbara, *La unción que abre puertas*, Editorial Peniel, Buenos Aires, 2008.

BIBLIOGRAFÍA

Alves, Elizabeth, *El intercesor poderoso,* Libros Desafío, Bogota, Colombia, 1998.

Arnold, Clinton E., *Ephesians: Power and Magic* (Efesios: poder y magia), Baker Book House, Grand Rapids, Michigan, 1992.

————, *Powers of Darkness* (Los poderes de la oscuridad), InterVarsity Press, Downers Grove, Illinois, 1992.

Collins, Mary Ann, *Freedom from Catholicism* (Liberación del catolicismo), Wagner Publications, Colorado Springs, Colorado, 2001.

————, *Unmasking Catholicism* (Desenmascaremos el catolicismo), iUniverse, Inc., Lincoln, Nebraska, 2003.

Conner, Kevin J., *Interpreting the Symbols and Types* (La interpretación de los símbolos y de los tipos), Bible Temple Publishing, Portland, Oregon, 1992.

Damazio, Frank, *Líderes de vanguardia,* Editorial Ariel, Mexico DF, México, 2007.

De Rosa, Peter, *Vicars of Christ: The Dark Side of the Papacy* (Vicarios de Cristo: El lado oscuro del pontificado), Crown Publishers, Nueva York, 1988.

Deere, Jack, *Sorprendido por la voz de Dios,* Vida Publishers, Miami, Florida, 1999.

Grubb, Norman, Rees Howells, *Intercesor,* CLC Bogota, Colombia.

Hawthorne, Steve y Graham Kendrick, *Caminata en oración,* Editores Caribe/Betania, Nashville, 1996.

Hinn, Benny, *¡Buenos días, Espíritu Santo!,* Grupo Nelson, Nashville, 2005.

Jacobs, Cindy, *Conquistemos las puertas del enemigo,* Grupo Nelson, Nashville, 1993.

Libéranos del mal, Strang Communications Company, Lake Mary, Florida, 2001.

La voz de Dios, Grupo Nelson, Nashville, 1996.

Kinnaman, Gary, *Overcoming the Dominion of Darkness* (Cómo superar el dominio de la oscuridad), Chosen Books, Grand Rapids, Michigan, 1990.

Michaelsen, Joanna, *El lado bello del mal,* Caribe-Betania Editores, Nashville, 1999.

Like Lambs to the Slaughter (Como corderos al matadero), Harvest House, Eugene, Oregon, 1989.

Milligan, Ira, *Every Dreamer's Handbook* (El manual de todo soñador), Treasure House, Shippensburg, Pennsylvania, 2000.

————, *Understanding the Dreams You Dream* (Cómo comprender los sueños que sueña), Treasure House, Shippensburg, Pennsylvania, 1997.

Murphy, Ed, *Manual de guerra espiritual*, Grupo Nelson, Nashville, 1995.

Nee, Watchman, *La autoridad espiritual,* Vida Publishers, Miami, Florida, 1978.

————, *Transformados en su semejanza,* Editorial Portavoz, Grand Rapids, Michigan, 1992.

Otis Jr., George, *Intercesión con fundamento,* Editorial Peniel, Buenos Aires, 2006.

————, *The Last of the Giants* (El último de los gigantes), Chosen Books, Tarrytown, Nueva York, 1991.

————, *Luz y sombras en el laberinto,* Editorial Unilit, Miami, Florida, 2001.

Peretti, Frank E., *Esta patente oscuridad,* Zondervan, Grand Rapids, Michigan, 2007.

————, *Penetrando la oscuridad,* Vida Publishers, Miami, Florida, 1990.

Petrie, Alistair, *Liberación y sanidad en el planeta Tierra,* Editorial Peniel, Buenos Aires, 2006.

Pierce, Chuck y Rebecca Sytsema, *Ridding Your Home of Spiritual Darkness* (Cómo librar su hogar de la oscuridad espiritual), Wagner Publications, Colorado Springs, Colorado, 1999.

————, *Future War of the Church* (La guerra futura de la Iglesia), Regal Books, Ventura, California, 2001.

————, *Cuando Dios habla,* Casa Creación, Lake Mary, Florida, 2006.

Pierce, Chuck y John Dickson, *El guerrero adorador*, Editorial Peniel, Buenos Aires, 2003.

Pike, Albert, *Morals and Dogma* (Moral y dogma), H. Macoy, Nueva York, 1878.

Prince, Derek, *Echaran fuera demonios,* DPM Internacional, Charlotte, NC, 2001.

Redding, Moses W., *The Illustrated History of Freemasonry* (La historia ilustrada de la francmasonería), Redding & Co, Nueva York, 1901.

Sheets, Dutch, *La oración intercesora*, Spanish House Inc., Miami, Florida, 1997.

Sherrer, Quinn y Ruthanne Garlock, *A Woman's Guide to Breaking Bondages* (Una guía para mujeres para quebrar sometimientos) Servant Publications, Ann Arbor, Michigan, 1994.

———, *The Spiritual Warrior's Prayer Guide* (La guía de oración del guerrero espiritual), Servant Publications, Ann Arbor, Michigan, 1992.

Silvoso, Ed, *That None Should Perish* (Que nadie perezca), Regal Books, Ventura, California, 1994.

Sjoberg, Kjell, *Winning the Prayer War* (Ganemos la guerra de la oración), New Wine Press, Chichester, Inglaterra, 1991.

Smith, Alice, *Acercándonos confiadamente al trono de la gracia*, Editorial Peniel, Buenos Aires, Argentina, 2000.

———, *40 Days Beyond the Veil* (40 días después del velo), Regal Books, Ventura, California, 2003.

———, *Discerning the Climate of the City* (Cómo discernir el clima de la ciudad), SpiriTruth Publishing, Houston, Texas, 1997.

———, *Dispelling the Darkness* (Disipemos la oscuridad), SpiriTruth Publishing, Houston, Texas, 1998.

Smith, Eddie y Alice Smith, *Liberación espiritual del hogar*, Editorial Peniel, Buenos Aires, Argentina, 2004.

Smith, Eddie, *Intercesores, Cómo entenderlos y promoverlos para un trabajo efectivo*, Editorial Peniel, Buenos Aires, 2006.

Sorge, Bob, *La envidia, el enemigo interior*, Editorial Peniel, Buenos Aires, Argentina, 2004.

Wagner, Doris, *Cómo ministrar liberación*, Editorial Peniel, Buenos Aires, Argentina, 2004.

Wagner, C. Peter, *La destrucción de fortalezas en su ciudad*, Grupo Nelson, Nashville, 1995.

———, *Iglesias que oran*, Grupo Nelson, Nashville, 1995.

———, *Confrontemos las potestades*, Grupo Nelson, Nashville, 1997.

———, *Discover Your Spiritual Gifts* (Descubra sus dones espirituales), Regal Books, Ventura, California, 2002.

———, *Engaging the Enemy* (Atrayendo al enemigo), Regal Books, Ventura, California, 1991.

————, *Humildad,* Vida Publishers, Miami, Florida, 2007.

————, *Lighting the World* (Iluminemos el mundo), Regal Books, Ventura, California, 1995.

————, *Escudo de oración,* Grupo Nelson, Nashville, 1995.

————, *Oremos con poder,* Grupo Nelson, Nashville, 1998.

————, *Oración de guerra,* Grupo Nelson, Nashville, 1993.

————, *What the Bible Says about Spiritual Warfare* (Lo que La Biblia dice acerca de la guerra espiritual), Regal Books, Ventura, California, 2001.

————, *Sus dones espirituales pueden ayudar a crecer a su iglesia,* Editorial Clie, Terrassa, España, 2004.

————, *Cómo enfrentarnos a la reina del cielo,* Grupo Nelson, Nashville, 2005.

————, *La raíz de la idolatría,* Editorial Peniel, Buenos Aires, Argentina, 2006.

————, *The Queen's Domain* (El señorío de la reina), Wagner Publications, Colorado Springs, Colorado, 2000.

Wentroble, Barbara, *God's Purpose for Your Life* (El propósito de Dios para su vida), Regal Books, Ventura, California, 2002.

————, *Praying with Authority* (Orar con autoridad), Regal Books, Ventura, California, 2003.

————, *Prophetic Intercession* (Intercesión profética), Regal Books, Ventura, California, 1999.

Yoder, Barbara J., *Mantled with Authority* (Investidos de autoridad), Wagner Publications, Colorado Springs, Colorado, 2003.

————, *La unción que abre puertas,* Editorial Peniel, Buenos Aires, Argentina, 2008.

Rebecca Greenwood es una ministra al servicio del Cuerpo de Cristo. Durante los últimos trece años, ha participado y liderado viajes de oración de guerra espiritual a muchas ciudades en el estado de Texas y a países como Egipto, Nepal, Italia, Turquía, Rusia, Ucrania, Irlanda y España.

Ella y su esposo, Greg, sirvieron por cinco años con Eddie y Alice Smith en el U.S. Prayer Center (Centro de oración de los Estados Unidos). Durante ese periodo, ella fue la coordinadora de oración de Houston House of Prayer (Casa de Oración de Houston) y del U.S. Prayer Center, donde lideró reuniones de oración e iniciativas, el ministerio de liberación y equipos de ministerio. También contribuyó con artículos sobre la oración para la revista *Charisma and Pray!* (¡Carisma y oración!) y apareció en TBN presentando la iniciativa *Pray, USA!* (¡Ora, EE.UU!).

Rebecca tiene una licenciatura en canto por la Texas Women's University (Universidad Femenina de Texas) en Denton, Texas, y está diplomada en ministerio práctico por el Wagner Leadership Insitute (Instituto Wagner para el liderazgo) en Colorado Springs, Colorado.

Rebecca actualmente es la asistente ejecutiva de Peter y Doris Wagner de los ministerios Global Harvest en Colorado Springs. Es miembro de la ISDM, International Society of Deliverance Ministers (Sociedad internacional de ministros de liberación), bajo la dirección de Peter y Doris Wagner. También es águila de Dios bajo la dirección de Chuck Pierce de los Glory of Zion Ministries International (Ministerios internacionales Gloria de Zion).

Rebecca es fundadora y presidenta de Christian Harvest International (Cosecha cristiana internacional), un ministerio llamado a equipar al Cuerpo de Cristo para la guerra espiritual y la liberación. Christian Harvest International también funciona como ministerio de equipamiento para aquellos llamados a la guerra espiritual de nivel estratégico que deseen ver la guía del Señor hacia la transformación espiritual y la renovación de las naciones y de las personas de la Tierra.

Rebecca y Greg, decano del Wagner Leadership Institute, residen en Colorado Springs. Tienen tres hermosas hijas, Kendall, Rebecca y Katie.

Para contactar a Rebecca Greenwood o para obtener más información sobre Christian Harvest International, por favor escriba a:

Christian Harvest International
P. O. Box 63150
Colorado Springs, CO 80962-3150
info@christianharvestintl.org
www.christianharvestintl.org